ENCYCLOPÉDIE ILLUSTRÉE DE

LA VIE DANS LA PRÉHISTOIRE

ENCYCLOPÉDIE ILLUSTRÉE DE
LA VIE DANS LA PRÉHISTOIRE

Dougal Dixon et Rupert Matthews
Adaptation française de Daniel Pajaud

GRÜND

GARANTIE DE L'ÉDITEUR
Pour vous parvenir à son plus juste prix, cet ouvrage a fait l'objet d'un gros tirage. Malgré tous les soins apportés à sa fabrication, il est malheureusement possible qu'il comporte un défaut d'impression ou de façonnage. Dans ce cas, ce livre vous sera échangé sans frais.
Veuillez à cet effet le rapporter au libraire qui vous l'a vendu ou nous écrire à l'adresse ci-dessous en nous précisant la nature du défaut constaté. Dans l'un ou l'autre cas, il sera immédiatement fait droit à votre réclamation.
Librairie Gründ - 60, rue Mazarine - 75006 PARIS

Adaptation française de **Daniel Pajaud**
Texte original de **Dougal Dixon et Rupert Mattews**
Première édition française 1992 par Librairie Gründ, Paris

ISBN : 2-7000-5261-7
Dépôt légal : août 1992
Édition originale 1992 par Reed International Books Ltd
sous le titre original *The Illustrated encyclopedia of prehistoric life*

Photocomposition : Bourgogne Compo, Dijon
Imprimé en Italie

Loi n° 49-956 du 16 juillet 1949 sur les publications destinées à la jeunesse

Note sur l'emploi des initiales majuscule et minuscule

On trouve dans le texte des mots dont l'initiale est parfois une majuscule, parfois une minuscule. Cela n'est pas le fruit du hasard ou de la négligence. Il s'agit de mots qui sont des noms d'êtres vivants, fossiles ou actuels. Ces noms sont employés soit comme noms propres, soit comme noms communs. Ce sont des noms propres lorsqu'ils désignent un groupe d'êtres tels qu'un genre ou une famille considérés comme des unités définies dans la classification du monde vivant. Par exemple, les Hominidés (= famille des Hominidés, le nom scientifique latin étant *Hominidae*). Pour *Dryopithecus*, doit-on écrire en français Dryopithèque ou dryopithèque ? Tout dépend du contexte : soit l'on insiste sur le genre Dryopithèque (unité de la classification, donc nom propre), soit l'on désigne simplement un dryopithèque, en quelque sorte un objet appartenant à ce genre.

SOMMAIRE

L'ORIGINE DE LA VIE

La Terre est seulement l'une des planètes du système solaire. Elle abrite la vie et il semble que celle-ci soit apparue très tôt au cours de son histoire.

Nous avons idée de ce que furent les premiers êtres vivants grâce aux traces fossiles conservées sur certaines roches. Malheureusement, plus celles-ci sont anciennes et moins elles contiennent de fossiles. Les premiers êtres vivants ne possédaient aucune partie dure – squelette ou coquille – de sorte qu'il n'en subsiste aucun reste fossile. C'est la raison de notre grande ignorance quant aux premières formes de vie.

Nous ne savons pas très bien comment la vie est apparue. On pense que certaines réactions chimiques ont pu avoir lieu au sein de l'océan primitif et donner naissance à **des molécules capables de se reproduire, identiques à elles-mêmes**. Au départ, certaines molécules auraient capturé des atomes provenant de substances dissoutes dans l'eau et les auraient mêlés à leurs propres atomes. Les nouvelles molécules auraient été capables de se dupliquer (en quelque sorte de se dédoubler) et ainsi de se multiplier. C'est ainsi que procèdent les **virus** dans la nature actuelle.

Une autre théorie suggère que les molécules capables de se dupliquer se seraient formées dans une comète et auraient essaimé sur la Terre à la suite d'une collision.

À partir de ces premiers balbutiements, la vie sur notre planète se serait développée très graduellement, pendant des centaines de millions d'années. Le stade suivant aurait été la production de **cellules** – minuscules assemblages contenant les précieuses molécu-

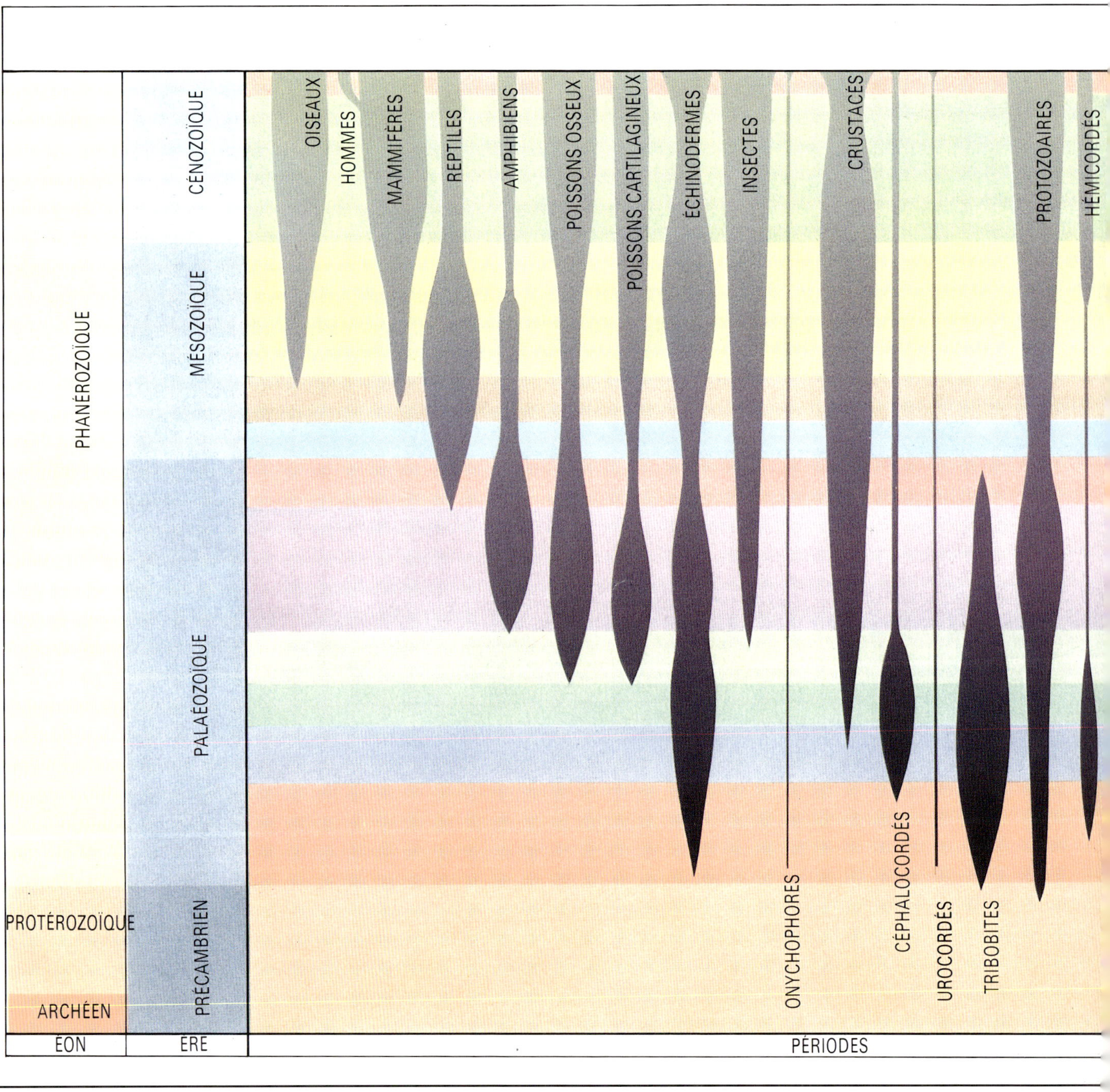

les – et tout ce qui est nécessaire à la préservation de la vie. C'est ainsi que sont aujourd'hui constituées les **bactéries**.

Plus tard, des **êtres pluricellulaires** sont apparus, formés par bourgeonnement d'une cellule mère ou par association de différentes cellules. Les cellules se sont différenciées en **tissus** ayant des fonctions différentes, puis les tissus ont été regroupés en **organes** au sein de créatures ainsi devenues des **organismes**, au sens plein du terme.

Plus ou moins tardivement, certains organismes se sont constitué un **squelette** – coquille ou carapace – capable de supporter des corps de plus grande taille. Ce sont ces organismes qui ont donné naissance à ce que nous appelons habituellement les **fossiles**. À partir de ce moment, nous avons évidemment une idée plus précise de ce que fut la vie sur terre.

Les squelettes minéralisés sont apparus voici près de 600 millions d'années, marquant le début du Cambrien, à l'aube des **Temps fossilifères**. Dans des roches vieilles de **3,5 milliards d'années**, nous trouvons déjà des traces de vie. Par exemple avec les **stromatolites**, structures qui semblent correspondre à de minces feuillets minéraux déposés par des couches successives de colonies d'**algues bleues** unicellulaires. Certaines roches, de couleur rouge et datant de 1,8 milliard d'années, montrent qu'il y avait alors de l'**oxygène** dans l'atmosphère. Cet oxygène provenait de l'activité de certains organismes.

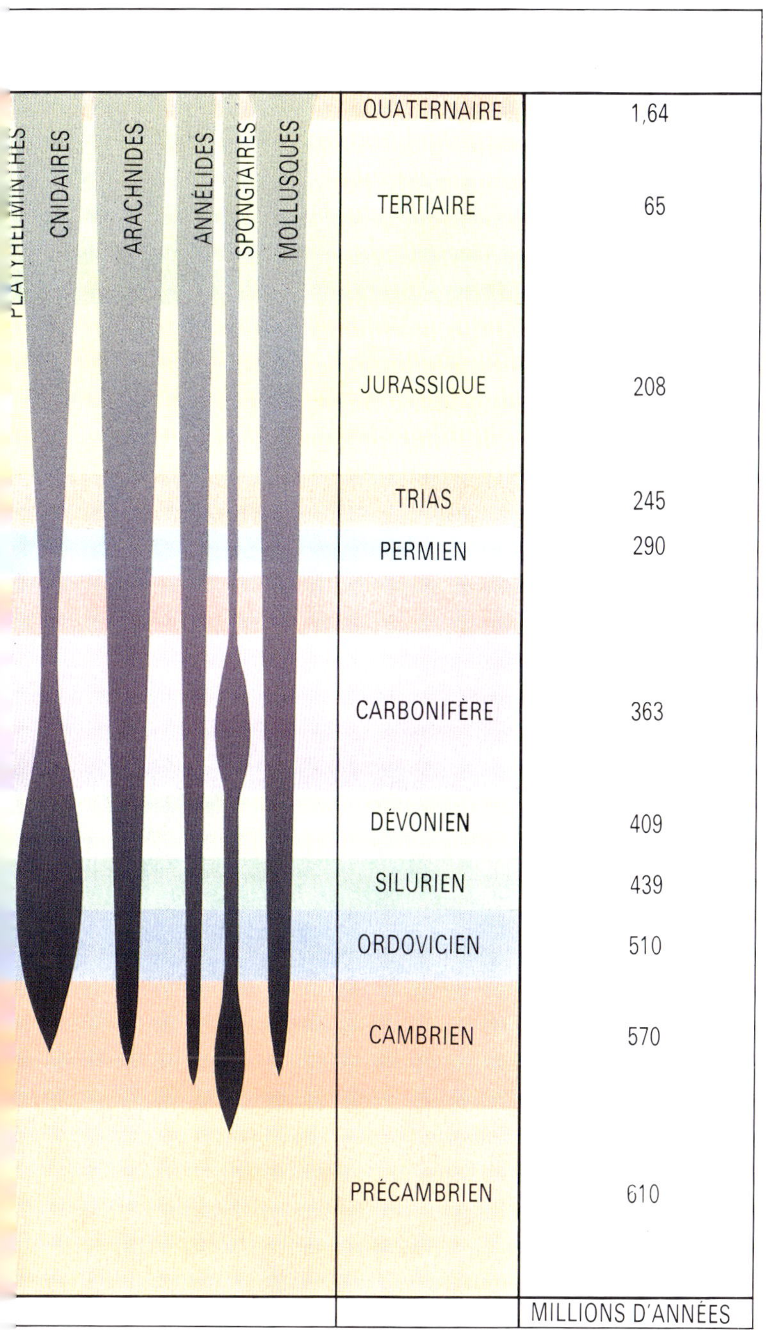

◀ *La durée des Temps fossilifères est telle que les géologues l'ont divisée en* ***ères*** *et en* ***périodes*** *en vue d'en mieux comprendre l'histoire. Chacune de ces divisions est marquée par un événement paléontologique comme l'apparition des premiers animaux pourvus d'un squelette au début de l'ère Paléozoïque, ou la disparition des dinosaures à la fin du Mésozoïque.*

▲ *Les comètes contiennent tous les éléments constitutifs de la matière vivante et certains scientifiques pensent que la vie sur notre planète pourrait trouver son origine dans un tel matériau.*

L'ÉVOLUTION

Comment la première molécule douée de vie a-t-elle conduit à la complexité actuelle du monde vivant ? La réponse tient en un mot : l'**évolution** qui signifie **épanouissement dans le changement**. Notre molécule primitive ne s'est pas reproduite indéfiniment identique à elle-même. Des cellules filles sont apparues, sensiblement différentes des cellules mères. La plupart du temps, ces cellules différentes ont éprouvé des difficultés à se reproduire identiques à elles-mêmes et ont finalement disparu. Certaines modifications toutefois ont au contaire facilité la reproduction des nouvelles cellules : ces dernières dès lors ont assuré leur descendance. Grâce à ce phénomène, les nouvelles générations se sont montrées à la fois plus efficaces et plus complexes dans leur forme.

Lorsque les conditions changent, l'évolution manifeste un regain d'activité. Un groupe donné d'organismes peut engendrer un grand nombre de types différents, adaptés à des conditions de vie différentes. Ce processus est connu sous le nom de **radiation adaptative**. Les camélidés en sont un bon exemple. De nos jours, on distingue deux genres, le *Camelus* des déserts d'Asie centrale (chameau) et d'Afrique (dromadaire), et le *Lama* des montagnes d'Amérique du Sud (lama, alpaga, vigogne, guanaco). Au Miocène, il y a environ 20 millions d'années, il y avait aussi des camélidés qui couraient comme des gazelles, d'autres à long cou qui mangeaient les feuilles des arbres comme les girafes. Tous descendaient d'un même ancêtre.

Quelquefois, des groupes d'animaux ayant un ancêtre commun peu éloigné évoluent exactement de la même façon du fait de modes de vie identiques dans des environnements identiques. C'est le phénomène de l'**évolution parallèle**. Cela peut se produire à une même époque ou à des moments différents. C'est le cas de reptiles volants (ils ont un ancêtre reptile commun) qui se sont succédés au cours des Temps fossilifères. Bien qu'ils n'aient pas des liens de parenté directe (espèces ne dérivant pas les unes des autres), ils se ressemblent tous, possédant les mêmes structures adaptées au vol plané.

Un phénomène similaire, appelé **évolution convergente**, se produit contre toute attente dans des groupes d'animaux n'ayant entre eux aucune

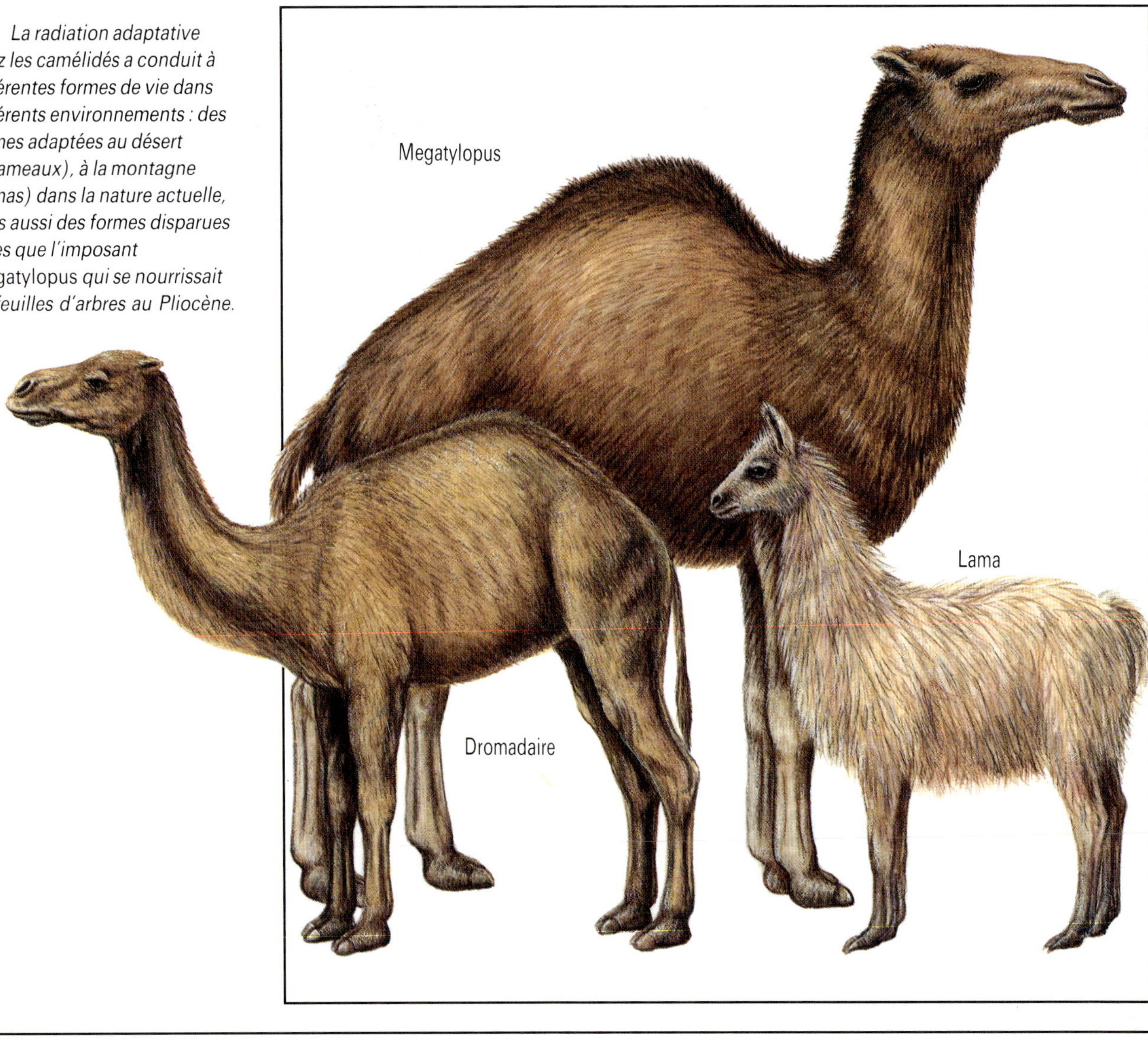

▶ *La radiation adaptative chez les camélidés a conduit à différentes formes de vie dans différents environnements : des formes adaptées au désert (chameaux), à la montagne (lamas) dans la nature actuelle, mais aussi des formes disparues telles que l'imposant* Megatylopus *qui se nourrissait de feuilles d'arbres au Pliocène.*

parenté, même lointaine. Tel est le cas d'un poisson tel que l'anguille, au corps allongé, aplati latéralement, et qui se déplace par des mouvements d'ondulation ; de serpents marins venimeux de la famille des Hydrophidés, dont une cinquantaine d'espèces vivent actuellement dans l'océan Indien ; et d'un amphibien fossile, l'*Ophiderpeton*, qui vécut au Carbonifère, il y a 300 millions d'années. Tout se passe comme si une certaine forme convenant parfaitement à la vie dans un milieu donné était adoptée par divers animaux, quels qu'en soient leurs ancêtres.

◄ *L'évolution convergente a donné la même forme au corps de l'anguille, du serpent marin et de l'amphibien fossile* Ophiderpeton. *Bien qu'issus d'ancêtres totalement différents (un poisson, un reptile et un amphibien), ces animaux ont adopté des formes similaires s'adaptant aux contraintes de leur environnement aquatique.*

▲ *L'évolution parallèle a donné naissance à plusieurs reprises à un même type de reptiles volants : ainsi les* Coelurosauravus *du Permien, les* Kuehnosaurus *du Trias et les actuels dragons volants de Malaisie, lézards arboricoles insectivores. Leurs ailes, remarquablement conçues pour le vol plané, sont formées d'un large repli de la peau soutenu par les côtes largement déployées.*

LES FOSSILES

Certains des fossiles préservés dans des roches sont immédiatement reconnaissables, comme les coquilles. D'autres le sont moins. Chacun est le témoin d'une vie antérieure conservée depuis des temps considérables.

Parfois, mais très rarement, l'organisme tout entier a été préservé. Dans des temps très anciens, des insectes et autres arthropodes ont été piégés dans une exsudation de résine de certains conifères. Des millions d'années plus tard, la résine s'est solidifiée en succin, ou **ambre jaune**, et les individus ont été conservés dans un état parfait. De la même manière, des mammouths ont été conservés dans les **boues gelées** des régions arctiques.

Mais le plus souvent, seule une partie de l'organisme a été préservée. Dans les gisements pétrolifères de Californie, l'hydrocarbure suinte parfois à la surface. Les produits volatils s'en échappent petit à petit et il se forme un **bitume**. Au cours de périodes glaciaires, de grands mammifères se sont englués dans cette substance visqueuse : leurs os y ont été depuis parfaitement conservés.

En général, les restes ont été transformés après que la plante ou l'animal ont été enfouis dans le sédiment. Une feuille ne peut être conservée que si le carbone de sa matière organique n'est pas dégradé. On trouve souvent, sous forme de fines pellicules charbonneuses, des empreintes de feuilles de fougères dans des schistes du Carbonifère vieux de 300 millions d'années. C'est ce phénomène exceptionnel, porté à l'extrême, qui a conduit à la formation du **charbon**.

L'eau qui circule dans les sols et les roches est chargée en sels minéraux dissous. Ces substances peuvent enrober ou pénétrer des os ou des morceaux de bois enfouis et s'y déposer sous forme de cristaux microscopiques. La matière organique de l'os ou du bois peut être intégralement décomposée, et cependant leur structure est parfaitement visible, parce que les molécules des substances minérales, comme la calcite ou la silice, ont exactement pris la place des molécules organiques originelles. Ce phénomène est appelé **pétrification**.

Lorsqu'une coquille bivalve est enfouie dans la vase ou du sable, les parties molles de l'animal ont en général disparu. La cavité de la coquille peut être remplie par du sédiment, ou bien l'eau d'infiltration peut y déposer des sels minéraux qui finissent par la combler. La coquille elle-même peut être dissoute, et il reste alors un interstice correspondant à son épaisseur. On peut alors distinguer un **moule interne**, constitué par le remplissage de la coquille, et un **moule externe** réalisé par la matrice rocheuse qui entourait le fossile. Le moule interne n'est qu'une réplique imparfaite du fossile. Les structures anatomiques de l'animal ou de la plante n'ont pas été préservées.

Certains fossiles sont les précieuses **traces d'activité** d'êtres vivants, comme une galerie creusée

◄ *Cet insecte, entièrement enrobé de résine sur un tronc de conifère au cours du Tertiaire, et ainsi protégé de l'air et de l'action des bactéries, s'est trouvé protégé depuis plusieurs dizaines de millions d'années dans ce qui est devenu de l'ambre jaune. La transparence miraculeuse de cette résine fossile permet d'en apprécier les plus infimes détails.*

dans le sable par un ver, une piste de pacage laissée par un mollusque, une aire de repos d'un poisson qui a laissé son empreinte sur le fond d'un lac, une empreinte de pas d'un reptile ou d'un oiseau.

Pour connaître l'âge d'une roche sédimentaire, il suffit de connaître l'âge des fossiles qu'elle contient. La majeure partie des fossiles sont de nos jours catalogués, et le géologue compare les pièces qu'il vient de récolter aux spécimens déjà étudiés. Certaines espèces du passé n'ont peuplé notre planète que relativement peu de temps : quelques millions d'années. Les terrains qui les ont conservées sont en général de faible épaisseur et ces espèces constituent des **fossiles de zone** fort utiles pour des datations précieuses.

L'état de conservation des fossiles peut aussi être une source d'informations sur les caractéristiques de l'environnement lors de la formation de la roche. Des coquilles fossiles dont les valves sont encore jointives, reposant à côté de carapaces de crabes en parfait état, au-dessus de terriers de vers encore bien reconnaissables, nous donnent l'image d'un **assemblage naturel**, d'une **ancienne communauté vivante**. Leur milieu de vie était paisible et l'enfouissement des organismes morts s'est produit sans perturbation. Au contraire, un assemblage hétéroclite de coquilles cassées, de pattes de crabes désarticulées et de divers débris témoignent d'un intense mélange de restes d'animaux qui ne vivaient probablement pas ensemble. De telles accumulations et de tels mélanges résultent de chocs et de déplacements en milieu agité et conduisent à la formation d'**assemblages artificiels**.

▲ *Des troncs d'arbres pétrifiés, tels que ceux de l'Arizona, ont vu la silice remplacer leurs constituants ligneux. Une section polie révèle les détails de la structure cellulaire.*

▲ *L'empreinte noire de cette feuille de fougère du Carbonifère est un fragile film charbonneux. Des diverses molécules constitutives de la matière organique d'origine, il ne reste rien, ni oxygène, ni hydrogène, ni azote..., excepté du carbone.*

▶ *Étapes de formation d'une empreinte fossile. Un Iguanodon est venu mourir dans le lit d'une rivière. Son corps s'est décomposé sur place et son squelette a été doucement enseveli sous la vase. Des centaines de millions d'années plus tard, on en retrouve les vestiges à la surface d'une roche délitée.*

DES ALGUES AUX FOUGÈRES

ALGUES
CHAMPIGNONS
PRÊLES
LYCOPODES
FOUGÈRES

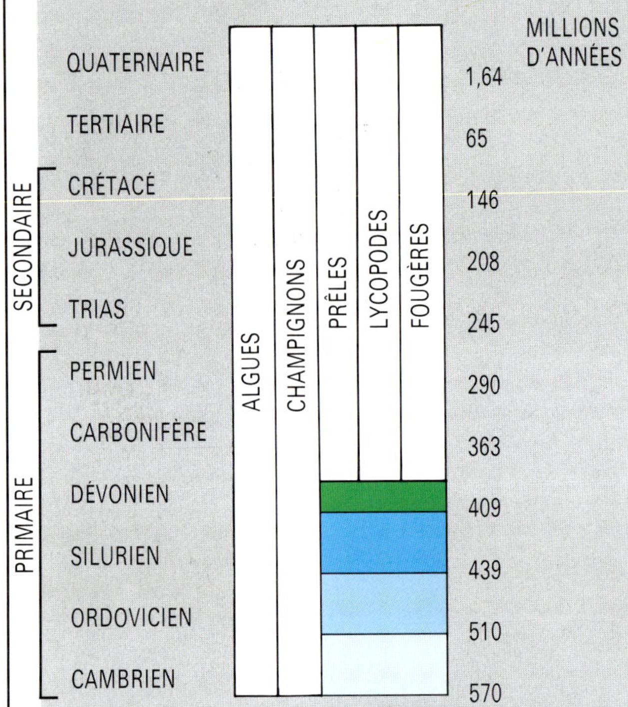

Sans plantes, la vie serait impossible dans sa forme actuelle sur notre planète. Seules les plantes sont capables de fabriquer directement leur propre matière à partir des constituants bruts des roches, de l'eau et de l'air, alors que les animaux tirent leur nourriture des plantes, ou d'autres animaux eux-mêmes herbivores. Les végétaux (et aussi les bactéries) sont des êtres **autotrophes**, les animaux des êtres **hétérotrophes**. Les premiers êtres vivants étaient autotrophes.

Il est extrêmement difficile de mettre en évidence les premières traces de ces êtres primitifs, car ils étaient microscopiques. Les spécialistes ont cependant décelé dans des roches datant de 3,5 milliards d'années des algues bleues, unicellulaires, qui vivaient dans l'océan primitif. Peu après semble-t-il, sont apparues des algues vertes, également unicellulaires. Ces dernières fabriquaient de la chlorophylle qui leur permettait d'utiliser la lumière du soleil comme source d'énergie pour se nourrir. Cette fonction, appelée **assimilation chlorophyllienne** ou **photosynthèse**, a pour caractéristique de retenir les éléments indispensables à la vie de l'algue, en premier lieu les substances contenant du carbone, de l'hydrogène, de l'oxygène et de l'azote, mais aussi, fait capital dans l'histoire de la vie sur notre planète, de

◀ *Stromatolites vivants sur la côte ouest de l'Australie. Des structures rocheuses en forme de coussins sont édifiées depuis des centaines d'années par des colonies algaires qui sécrètent du carbonate de calcium. Ces algues ne peuvent prospérer qu'à l'abri de l'agitation du large.*

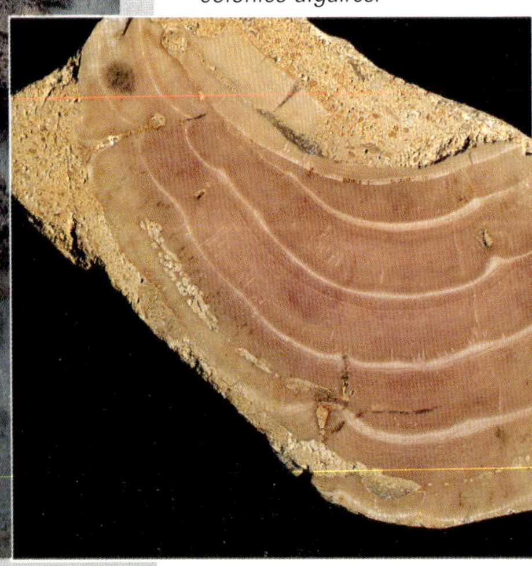

▼ *Section polie d'un stromatolite fossile montrant les couches superposées concentriques correspondant aux dépôts carbonatés des générations successives de colonies algaires.*

▶ *Dans cette reconstitution d'un paysage vieux de 400 millions d'années, on aperçoit des* Rhynia. *C'étaient des plantes sans racines, à feuillage absent ou rare sur une tige peu ramifiée pouvant atteindre près de 20 cm de haut, et à spores contenues dans des sacs situés aux extrémités. Les seules* Rhynia *connues proviennent du Dévonien d'Écosse.*

produire de l'oxygène à l'état libre. Quand la concentration de l'oxygène dans l'océan est devenue trop forte, cet élément s'est échappé dans l'atmosphère. Cela a duré des centaines de millions d'années. Puis de nouvelles plantes sont apparues, faites de plusieurs cellules, et de plus en plus complexes. Toutefois, vivant dans l'océan, elles ne possédaient ni tiges ni racines.

Il y a environ 400 millions d'années, le monde végétal a brusquement accompli un bond prodigieux dans l'histoire de son évolution. Des plantes ont quitté l'océan pour s'installer sur le continent. Exposées à l'air libre, elles ont dû se tenir par leurs propres moyens, puiser l'eau du sol et contrôler son évaporation. Les premières plantes que nous connaissions ayant réussi cette performance sont les *Cooksonia*, grandes de 5 cm, consistant en de simples **tiges** uniramées, pompant l'eau du sol à l'aide de **racines** élémentaires et possédant une couche cellulaire externe très épaisse les préservant de la dessiccation. La reproduction était assurée par l'essaimage de **spores**.

Au cours des 70 millions d'années qui suivirent, les plantes terrestres se diversifièrent donnant naissance, dans toute leur diversité, aux champignons, aux bryophytes (mousses), aux psilophytes (rhynies) et aux ptéridophytes (prêles, lycopodes, fougères). Les fougères apparurent il y a 380 millions d'années. Et 100 millions d'années plus tard, l'évolution du règne végétal allait parvenir à une nouvelle grande étape capitale de son histoire : l'apparition des plantes à graines.

LES PLANTES DE LA FORÊT HOUILLÈRE

LEPIDODENDRON
SIGILLAIRES
CALAMITES

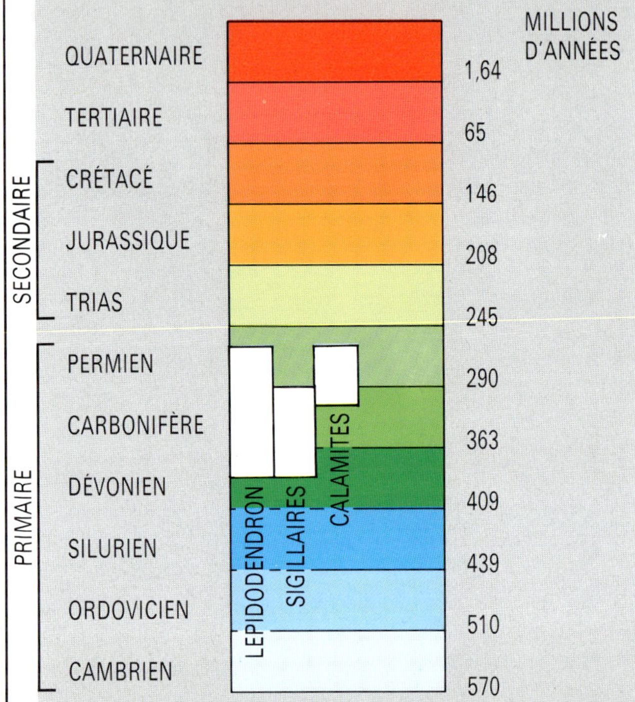

Dans les vastes forêts du Carbonifère, la matière organique des plantes mortes s'accumulait dans un sédiment gorgé d'eau et se transformait progressivement en charbon. La nature des végétaux fossilisés et le degré de transformation ont déterminé différents types de charbon : boghead, tourbe, lignite, houille, anthracite. Un charbon de bonne qualité contient moins de 10 % d'humidité et de 3 à 6 % de cendres.

Il y a environ 350 millions d'années, de vastes étendues de l'Europe et de l'Amérique du Nord étaient couvertes de marécages. Les terres étaient basses et gorgées d'eau, le climat chaud et humide, toutes conditions favorables à la croissance des plantes et au développement d'**immenses forêts marécageuses**.

Les plantes croissaient en grand nombre et tombaient dans l'eau après leur mort. Elles étaient ensuite recouvertes par des sables ou des boues déposées par des courants ou du fait de changements du niveau de la mer. De tels dépôts pouvaient atteindre plusieurs centaines de mètres d'épaisseur. Les végétaux enfouis étaient écrasés et compressés, et leur matière progressivement transformée jusqu'à donner du charbon. D'où le nom de forêt houillère donné à ce type de couvert végétal de la seconde moitié de l'ère Primaire.

Les forêts étaient constituées d'un grand nombre de plantes différentes. Les *Lepidodendron* ressemblaient aux actuels lycopodes, groupe de plantes rampantes ou dressées à petites feuilles insérées en spirale sur la tige, mais leur tronc pouvait atteindre 45 m de haut, couronné par un panache de petites ramifications feuillées. D'autres lycopodes, les *Sigillaria*, n'atteignaient que 30 m et se terminaient par une simple touffe de feuilles.

Outre les lycopodes, il y avait des *Calamites*, plantes articulées géantes ressemblant aux prêles actuelles, qui croissaient en émettant des tiges souterraines génératrices de nouveaux individus, se dressant sous forme de troncs annelés de 10 m de haut, terminés par un panache de tiges portant des verticilles de feuilles. Il y avait aussi des fougères arborescentes hautes de 20 m. Tous ces types de plantes ont encore des représentants dans la nature actuelle, mais leur taille est aujourd'hui beaucoup plus modeste.

D'autres plantes encore vivaient dans ces forêts. Quand la lumière du soleil parvenait à traverser l'épaisse frondaison des arbres, le sol était couvert d'une multitude de fougères et de prêles de plus petite taille.

▼ *Les vastes régions marécageuses du Carbonifère s'étendaient sur de nombreuses régions du globe. Y prospéraient d'imposantes plantes arborescentes. C'était le domaine d'une multitude d'animaux, parmi lesquels de nombreux insectes et des vertébrés. Parmi ces derniers, les représentants du genre* Keraterpeton, *petit amphibien de 30 cm, qui possédait une longue queue fuselée se déplaçaient rapidement dans l'eau. Et aussi un reptile herbivore du groupe des pélycosaures,* Edaphosaurus. *Long de 3 m, il possédait une puissante queue musculeuse, et son dos était surmonté d'une carène soutenue par un éventail d'épines vertébrales rigides.*

GYMNOSPERMES ET FOUGÈRES À GRAINES

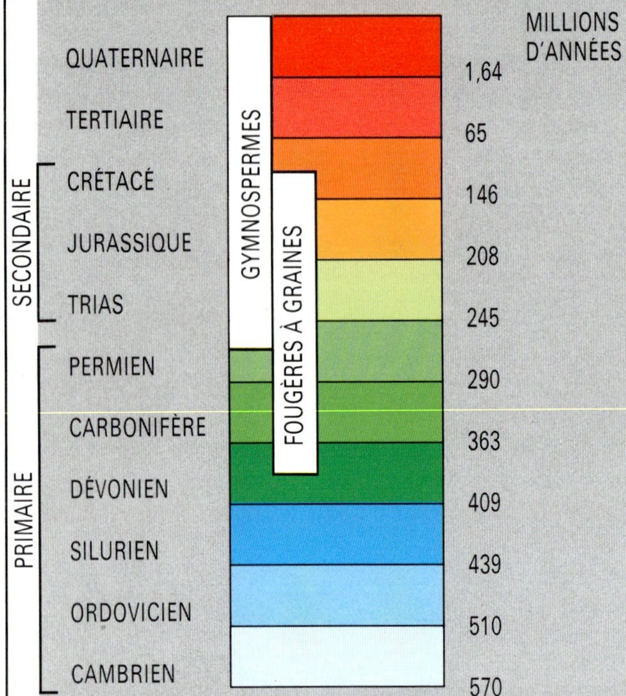

Toutes les plantes à graines sont réunies dans l'embranchement des Spermaphytes (*sperma* = semence). Parmi elles, le sous-embranchement des Gymnospermes, plantes dont les ovules ne sont pas protégés dans des fleurs (*gumnos* = nu). À ce groupe appartiennent entre autres l'ordre des Ptéridospermales (les fameuses fougères à graines, ainsi nommées parce qu'elles ressemblaient à des fougères, *Pteris* étant le nom grec de la fougère) et celui des Cordaïtales, l'un et l'autre exclusivement fossiles ; celui des Cycadales (à allure de palmiers) ; celui enfin des Coniférales qui possède de nombreux représentants actuels (pins et sapins dont chacun peut admirer les cônes dans nos régions).

Pendant des dizaines de millions d'années, les plantes terrestres se sont reproduites uniquement au moyen de spores. Les spores, contenues dans des sacs appelés sporanges, sont des organes de dispersion et de multiplication courants dans tout le règne végétal. Ce sont de véritables petites boutures, nuages de cellules microscopiques capables de germer pour donner, directement ou non, de nouveaux organismes végétaux semblables à ceux dont elles proviennent. Or, durant le Dévonien, c'est-à-dire entre − 410 et − 350 millions d'années, sont apparues les premières **plantes à graines**. En toute rigueur, on devrait d'ailleurs dire **plantes à ovules**, les ovules ne devenant graines qu'après fécondation par une cellule mâle.

De telles plantes ont possédé d'indéniables avantages sur leurs prédécesseurs. Leur mode de reproduction était beaucoup plus fiable, car l'ovule était fertilisé sur la plante mère. Autre avantage, l'ovule était

abrité dans une **enveloppe très résistante** aux agents externes et possédait des **réserves nutritives**. En cas de sécheresse prolongée, les graines pouvaient « dormir » indéfiniment dans le sol, dans l'attente de pluies, seules capables de les « réveiller ». En général, dans de telles conditions, les spores ne résistent pas longtemps.

Une fois retrouvées les conditions favorables à la germination, la graine puise dans ses réserves pour développer une jeune pousse : racine, tige et feuilles naissent alors qu'un jeune plant issu d'une spore doit fabriquer lui-même sa nourriture. On comprend que les nouveaux venus aient eu de plus grandes chances de survie dès les premières semaines de leur existence.

Ces nouvelles plantes ressemblaient à des fougères, d'où leur nom de **fougères à graines** (ou ptéridospermaphytes). De nos jours, ces plantes n'existent plus (à moins, comme on le pense depuis peu, qu'appartienne à leur groupe l'arbre aux quarante écus, *Ginkgo biloba*, véritable « fossile vivant » NDT). Au Dévonien et au Carbonifère, ces plantes abondaient. Elles étaient de petite taille, certaines cependant atteignant 5 m de haut. Elles ont encore prospéré jusqu'au Crétacé, servant de nourriture aux dinosaures herbivores.

Un autre groupe de plantes à graines est apparu à la fin de l'ère Primaire, au cours du Permien : les Cordaïtales. C'étaient de grands arbres, atteignant 30 ou 40 m de haut. Leur tronc, parfaitement rectiligne, portait une couronne de feuilles ovales, lancéolées ou rubanées, à nervures parallèles, disposées en spirale sur les rameaux. Les ovules étaient portés par des **cônes**, à l'abri tant des prédateurs que de la sécheresse. Les *Cordaïtes* ont prospéré durant tout le Carbonifère et le groupe s'est éteint au cours du Permien. Ce sont les ancêtres de nos Conifères.

◀ *Reconstitution d'un* ***paysage du Jurassique*** *dominé par les conifères et autres gymnospermes atteignant 30 m de haut, fougères et cycas formant les sous-bois.*

▼ *Reconstitution d'un* Glossopteris, *fougère à graines qui prospérait il y a 270 millions d'années dans tout l'hémisphère Sud. D'innombrables fossiles en ont été récoltés dans l'Antarctique, à Madagascar, en Afrique, Australie, Amérique du Sud et Inde.*

LES PLANTES À FLEURS

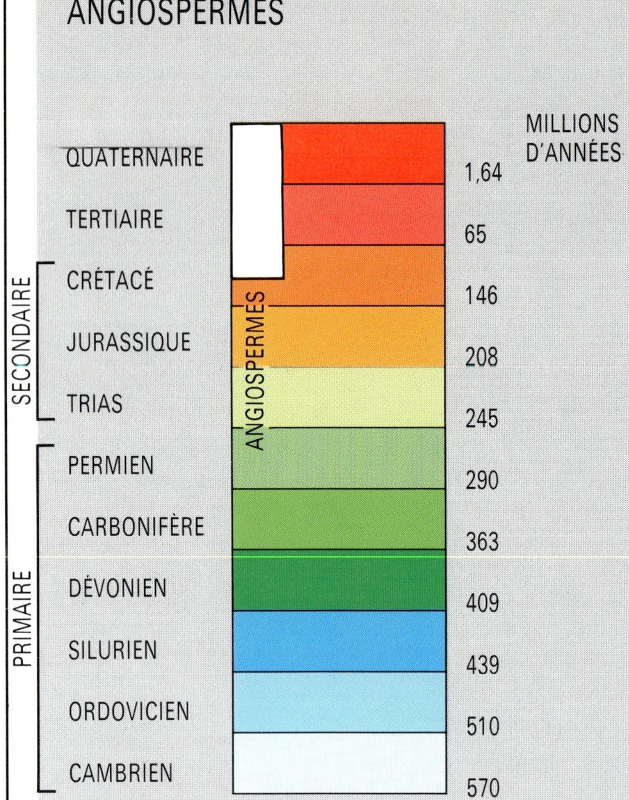

Nous ne savons pas très bien comment les plantes à fleurs sont apparues. Aucun type connu de gymnosperme fossile ne semble avoir été leur ancêtre. Il semble que leurs premiers représentants aient vécu en région tropicale, là où règnent chaleur et humidité.

Toutes les angiospermes sont caractérisées par l'existence de fleurs, dont le rôle est d'abriter les organes reproducteurs. Une fleur comporte ainsi quatre verticilles : les deux plus internes sont strictement reproducteurs, producteurs de pollens (cellules mâles) et d'ovules (cellules femelles), et les deux plus externes forment une double enveloppe protectrice, la corolle et le calice, dont les pièces (respectivement les pétales et les sépales) peuvent être d'une couleur brillante ou d'un parfum agréable. Les ovules fécondés par le pollen sont abrités dans un sac clos, l'ovaire, dont le développement donnera l'essentiel du fruit, organe de protection puis de dissémination des graines.

Il y a 260 millions d'années environ, les gymnospermes commencèrent leur conquête des terres émergées, devenant progressivement les éléments dominants du monde végétal, et il fallut attendre un peu plus de 150 millions d'années avant que ne se produise enfin un nouveau changement significatif. Ce fut l'apparition des **plantes à fleurs**, au milieu du Crétacé. En quelques millions d'années, les nouveaux venus assurèrent leur suprématie et l'on peut dire que l'ère Cénozoïque (Tertiaire + Quaternaire) est véritablement l'**ère des Angiospermes** (du grec *aggeion* = capsule), c'est à dire des plantes possédant des ovules contenus dans une cavité close ou **ovaire**. Elles comprennent de nos jours l'immense majorité des espèces végétales terrestres de taille moyenne ou grande.

Les fleurs sont des structures complexes attachées à la fonction de reproduction, lui conférant une efficacité remarquable. En outre, les plantes qui en

▼ *Graine de palmier fossile trouvée dans le Kent, en Angleterre, dans une formation sédimentaire appelée argile de Londres. Son âge est de 45 millions d'années environ. Depuis cette époque, la forme des graines de palmier a peu changé, ce qui en facilite l'identification. Cette découverte nous apprend que le climat était alors beaucoup plus chaud qu'aujourd'hui dans le nord de l'Europe.*

▶ *Reconstitution d'un* ***paysage du Crétacé****. La végétation avait déjà un caractère moderne, avec notamment des chênes et des saules, alors que la faune appartenait encore à des groupes archaïques (on voit ici un Triceratops, dinosaure à allure de rhinocéros de 6 à 8 m de long).*

sont pourvues disposent d'un autre avantage : la mise en place d'un **système vasculaire**, ensemble de canalisations closes, les vaisseaux, assurant la conduction de la sève, depuis les racines jusqu'aux feuilles.

Une fois implantées sur tous les continents, les angiospermes ont évolué très vite selon des voies différentes, en fonction des caractéristiques de chacun des milieux de vie colonisés. Dans les régions tropicales, où les conditions climatiques sont favorables toute l'année, les plantes ont une croissance continue. Dans les régions froides au contraire, les petites plantes ne fleurissent qu'en été, produisant des graines qui attendront la fin de l'hiver suivant pour germer et se développer. Les plantes de plus grande taille perdent leur feuillage dès l'automne et le remplacent par de nouvelles feuilles au printemps. Sous climat sec, la plupart des plantes à fleurs sont des cactus, spécialement adaptés en vue de réduire au mieux l'évaporation de leur eau.

Les principaux groupes d'angiospermes recensés dans la nature actuelle sont représentés à l'état fossile dès le début de l'ère Tertiaire. Il n'y a guère que les plantes grasses qui aient prospéré un peu plus tardivement, il y a seulement 25 millions d'années, à partir du Miocène.

LES MOLLUSQUES I

GASTÉROPODES
LAMELLIBRANCHES
CHITONS
DENTALES

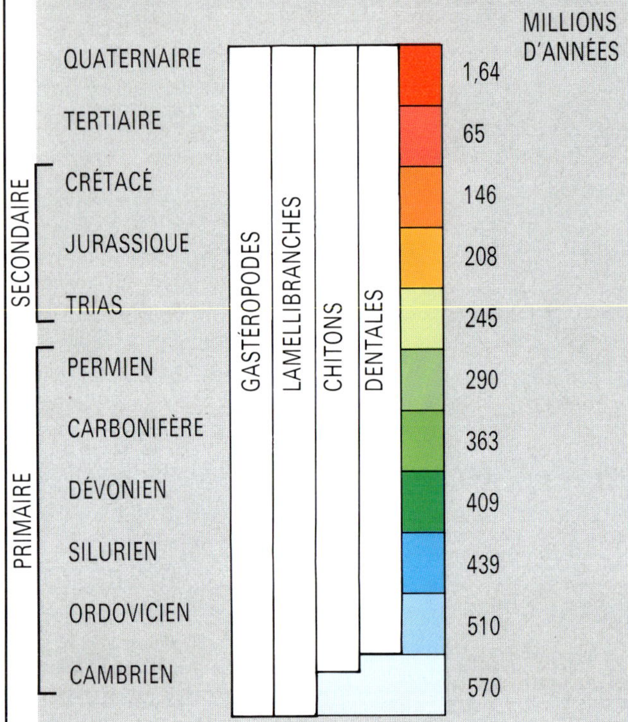

Quand un gastéropode se déplace à l'aide de son pied musculeux (la sole plantaire) et quand il mange, son corps se trouve nécessairement hors de la coquille. Au repos ou en cas de danger, il s'y réfugie, obturant l'ouverture par un opercule ou un bouchon de mucus.

Le règne Animal est divisé en deux groupes majeurs : les **vertébrés** qui possèdent un squelette interne cartilagineux ou osseux (et une colonne vertébrale) et un système nerveux comportant un axe (la moelle épinière) épanoui vers l'avant en un encéphale volumineux, et les **invertébrés** qui ne possèdent ni colonne vertébrale, ni système nerveux aussi perfectionné. Ces animaux sont répartis dans une trentaine d'embranchements dont les plus connus sont les Mollusques, les Échinodermes, les Arthropodes et les Coraux.

Les tout premiers animaux étaient des invertébrés unicellulaires appelés **protozoaires**. À ce stade de l'évolution, chaque cellule était à la fois élément constitutif de base autonome et organisme complet. Puis apparurent des animaux pluricellulaires, appelés **métazoaires**. À ce stade, chaque cellule était un élément dont l'activité dépendait des cellules voisines. C'est donc un ensemble de cellules qui constituaient dès lors l'organisme complet. Les métazoaires ont conquis tous les milieux de vie possible, dans les mers et sur les continents. Lorsque les Vertébrés apparurent, ils formèrent rapidement l'élément dominant sur la planète (tout du moins en apparence du fait de leur taille). En réalité, les invertébrés constituent de loin la masse vivante la plus importante.

C'est à l'aube des Temps fossilifères, il y a 600 millions d'années, que le monde des invertébrés explosa. L'un des groupes les plus importants est l'embranchement des Mollusques, animaux au corps mou protégé par un squelette externe, la **coquille**.

Les premiers d'entre eux semblent avoir été des gastéropodes, petits animaux avec une coquille faite d'une seule pièce (**univalve**), enroulée en spirale. Au début, c'étaient des organismes marins, mais on a retrouvé des coquilles de représentants manifestement terrestres. Les escargots sont des représentants actuels de la classe des Gastéropodes.

Très tôt également sont apparus des mollusques **bivalves** (classe des Lamellibranches ou Bivalves). Pour se nourrir, ils filtraient l'eau de mer en entrebâillant très légèrement leur coquille. Certains s'enfouissaient dans le sable ou la vase, d'autres se fixaient sur un rocher. Au bout de 180 millions d'années, ils sont devenus plus nombreux que les gastéropodes. C'est l'époque où certains d'entre eux développèrent un siphon, long tube permettant à l'animal d'aspirer l'eau tout en se dissimulant dans le sédiment.

D'autres types de mollusques apparus au cours de l'ère Primaire n'ont pas évolué. Les **chitons** apparus au Cambrien sont les plus anciens. Leur coquille articulée comporte **plusieurs plaques calcaires**. Au Dévonien, apparut une autre forme, à coquille en forme de **cornet arqué**, ouvert aux deux bouts. Le représentant le plus commun en est le **dentale**, abondant depuis le Trias dans les sables et les vases des rivages. Ces deux formes sont encore représentées de nos jours.

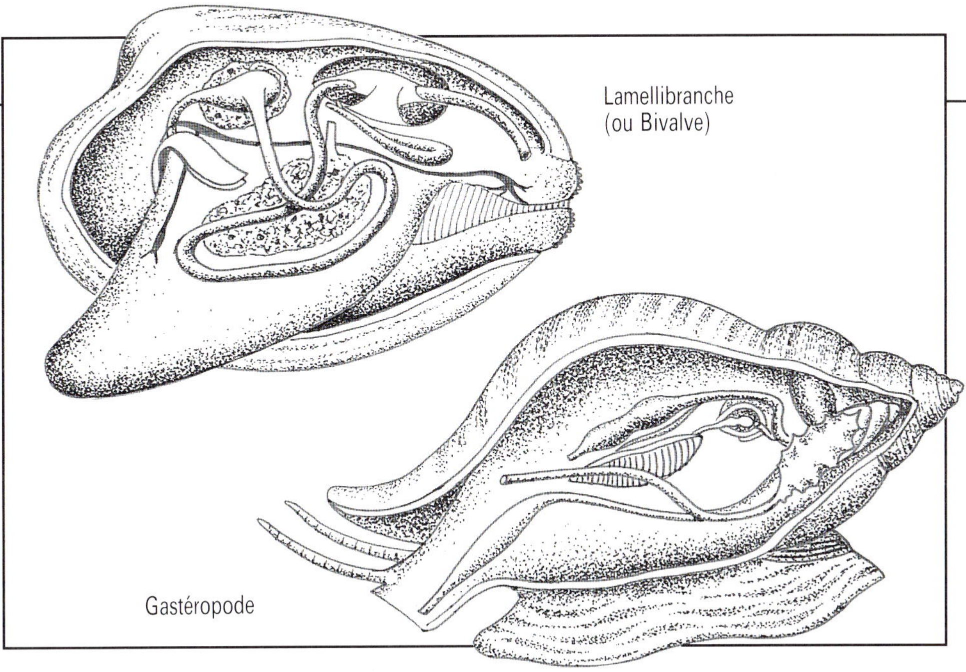

◀ *Dessin schématique d'un mollusque bivalve (lamellibranche) et d'un mollusque univalve (gastéropode).*

▼ *L'embranchement des Mollusques est divisé en plusieurs classes. Deux d'entre elles n'ont guère de représentants fossiles ou actuels. Ce sont les Amphineures (dont font partie les chitons, à coquille segmentée) et les Scaphopodes (dont le représentant le plus commun est le dentale). Trois autres classes ont au contraire connu un formidable succès. Ce sont d'abord les Gastéropodes, à coquille univalve spiralée (buccin, natice, escargot...), et les Lamellibranches, à coquille bivalve (huître, coquille Saint-Jacques, praire...). Ce sont ensuite les Céphalopodes décrits p. 22.*

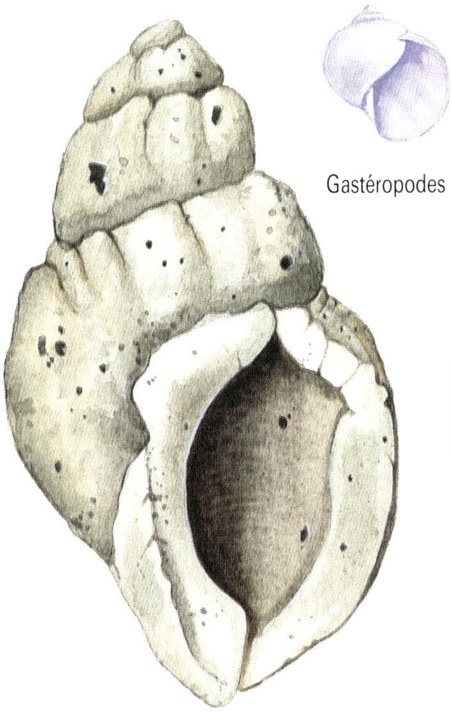

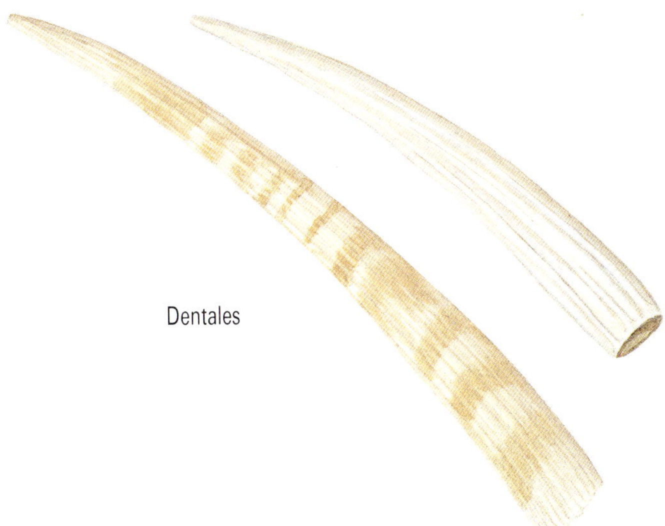

LES MOLLUSQUES II

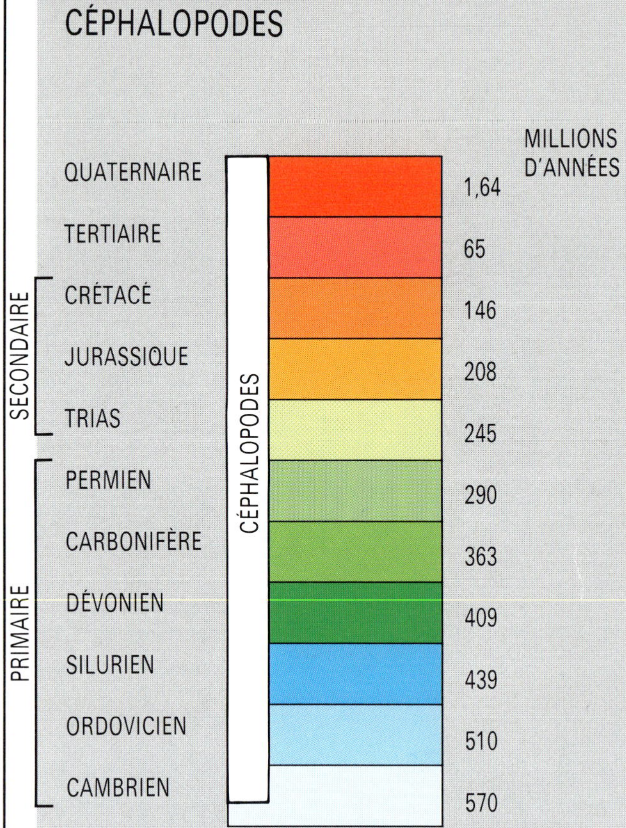

L'unique représentant actuel de la sous-classe des Nautiloïdes est le nautile, dont cinq espèces survivent dans des eaux peu profondes du Pacifique équatorial. Leur coquille ne montre guère de différence avec des nautiles fossiles du Tertiaire. Ce sont d'actifs prédateurs.

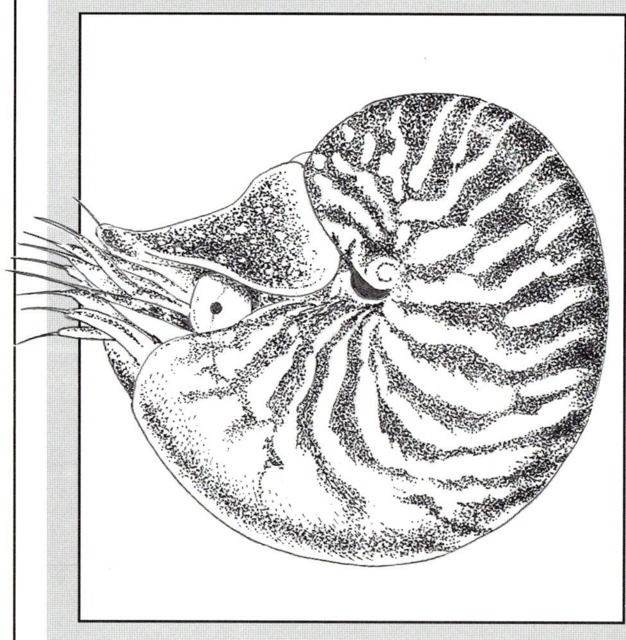

Les céphalopodes sont les mollusques les plus élevés en organisation. Leur groupe est relativement restreint de nos jours avec le nautile, la pieuvre, la seiche et le calmar. Apparus il y a plus de 500 millions d'années, ces organismes ont été fort abondants au Primaire et au Secondaire. Les formes actuelles ont un corps en forme de fuseau ou de bourse, tête et pied formant une masse commune à l'une des extrémités. Divisé en plusieurs bras munis de ventouses et servant à la capture des proies, le pied entoure la tête, formant une couronne autour de la bouche. Cette dernière est munie d'un bec à deux mandibules, semblables à celles d'un bec de perroquet, et d'une radula, membrane pourvue de nombreuses dents recouvrant la langue, avec des glandes salivaires au produit souvent toxique.

La classe des Céphalopodes est divisée en de nombreuses sous-classes, Nautiloïdes et Ammonoïdes étant les deux plus importantes. Contrairement à celle des gastéropodes, la coquille univalve des céphalopodes est divisée par un grand nombre de cloisons délimitant des chambres, la partie molle de l'animal occupant la dernière d'entre elles. Les premiers de ces mollusques, apparus au Cambrien, étaient de petites **formes nautiloïdes** à coquille droite. Ils étaient probablement les principaux prédateurs hantant les fonds marins. Vers − 480 millions d'années, leur taille augmenta : on a retrouvé des coquilles fossiles de 4 m de long ! Des coquilles arquées, puis enroulées sur elles-mêmes apparurent. Chez le nautile actuel, l'ensemble des chambres constitue un flotteur que l'animal peut emplir de liquide ou de gaz.

Vers − 280 millions d'années, un autre type de coquilles spiralées fit son apparition, caractéristique des **formes ammonoïdes**. Au bout de 60 millions d'années, ce nouveau groupe s'imposa dans toutes les mers du globe, se diversifiant à l'extrême : 400 formes nouvelles en 20 millions d'années ! Puis subitement, à la fin du Crétacé, il disparut en même temps que les dinosaures. Le mystère de cette extinction n'est pas élucidé. Les fossiles d'ammonites permettent de dater les terrains avec précision.

Entre-temps, un troisième type de céphalopodes s'était différencié, celui des **formes bélemnoïdes** (*belemnon* = javelot) dont la coquille, en forme de cigare ou de fuseau, était interne. Les bélemnites avaient une poche à encre, qui a parfois été conservée. Elles ont laissé de très nombreuses espèces fossiles, surtout dans les terrains jurassiques et crétacés. Comme les nautiloïdes et contrairement aux ammonoïdes, les formes bélemnoïdes ont encore quelques représentants actuels, tels le calmar et la seiche.

◀ *Le nautile moderne, avec sa coquille enroulée et cloisonnée, est l'unique rescapé d'un très ancien groupe de mollusques, celui des Nautiloïdes, prospère durant presque toute l'ère Primaire.*

▲ *Les ammonites ont été les animaux nageurs marins les plus nombreux et les plus diversifiés de l'ère Secondaire. Leurs fossiles peuvent être extrêmement abondants dans les terrains de cette époque.*

◀ Orthoceras *est un céphalopode nautiloïde à coquille droite des mers de l'ère Primaire, certainement moins agile que les formes ultérieures à coquille enroulée.*

LES TRILOBITES

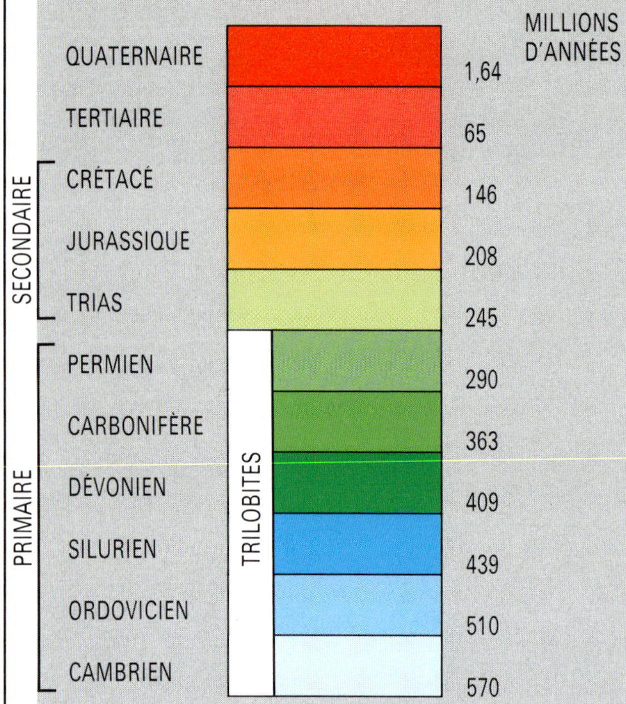

Il arrive que des chercheurs, sur le terrain, découvrent des traces souvent énigmatiques, enregistrées et fossilisées dans les sédiments. Certaines sont des pistes laissées par des trilobites. Certains d'entre eux marchaient sur le sable, le corps porté par leurs nombreuses pattes ; d'autres rampaient et fouissaient la vase en faisant onduler leur corps ; d'autres encore reposaient sur de longues épines. Certains cherchaient leur nourriture dans la vase, d'autres en pleine eau, mais au voisinage du fond. Le plancton était leur principale source d'alimentation.

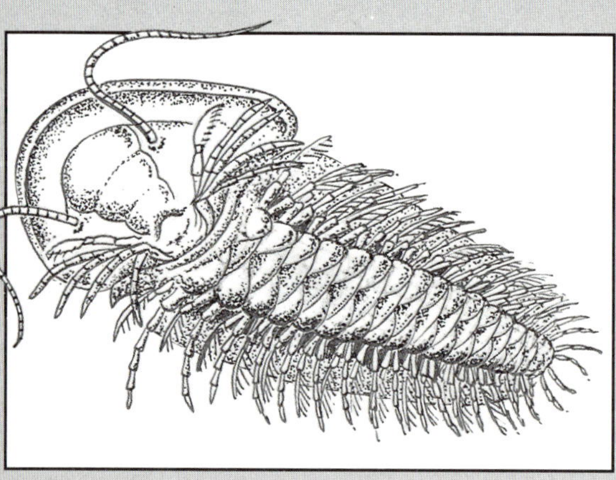

Il y a environ 600 millions d'années, apparut un groupe d'animaux qui, d'un certain point de vue, témoignèrent de la plus grande réussite de tous les temps. Ce groupe est celui des Arthropodes, invertébrés dont le corps segmenté présente des appendices articulés (*arthron* = articulation). Les insectes, les crustacés et les araignées en sont de nos jours les représentants les plus nombreux et les plus diversifiés.

Alors que les mollusques possèdent une coquille calcaire, les arthropodes ont pour leur part un exosquelette fait de **chitine** – dérivé de la cellulose – souple au niveau des articulations, dure dans les parties formant carapace ou point d'insertion des muscles et des organes. Par rapport aux organismes à corps mou, cette particularité leur confère d'indéniables avantages tant pour la locomotion que pour l'ensemble des fonctions vitales.

Les premiers arthropodes qui aient connu un essor prodigieux dans les mers du Primaire sont les trilobites, récoltés dans les strates sédimentaires datées de – 600 à – 230. Quoique extraordinairement diversifiés dans le détail, les trilobites avaient un plan général d'organisation fort simple : un corps divisé en trois parties, aussi bien dans le sens longitudinal que dans le sens transversal. D'avant en arrière, on distingue une **tête**, avec une protubérance médiane flanquée de deux lobes latéraux et une paire d'yeux composés ; un **thorax**, formé d'un nombre variable de segments articulés (entre 2 et 44), chaque segment comportant un anneau médian et deux bordures possédant typiquement une paire d'appendices ventraux ; enfin le **pygidium** (*pugê* = fesse), partie terminale formée de segments soudés. Les trilobites avaient la faculté de s'enrouler sur le ventre, pour protéger efficacement cette face fragile de leur corps. Généralement d'ailleurs, seule la carapace dorsale, plus résistante, a été conservée dans les sédiments fossiles.

La classe des Trilobites comporte plus de 150 familles. C'est entre le Cambrien et le Silurien qu'ils ont connu leur apogée. Ils ont ensuite décliné, jusqu'à disparaître définitivement au Permien, comme beaucoup d'autres groupes d'ailleurs à la fin du Primaire. Pourquoi ? Mystère. D'importants changements climatiques n'expliquent pas tout.

◀ *Le corps d'un trilobite était divisé dans le sens de la longueur en trois lobes. Sa face dorsale était protégée par une carapace chitineuse dure, tandis que sa face ventrale souple et fragile, portait des appendices locomoteurs et des expansions lamelleuses, servant aussi bien à la nage qu'à la respiration.*

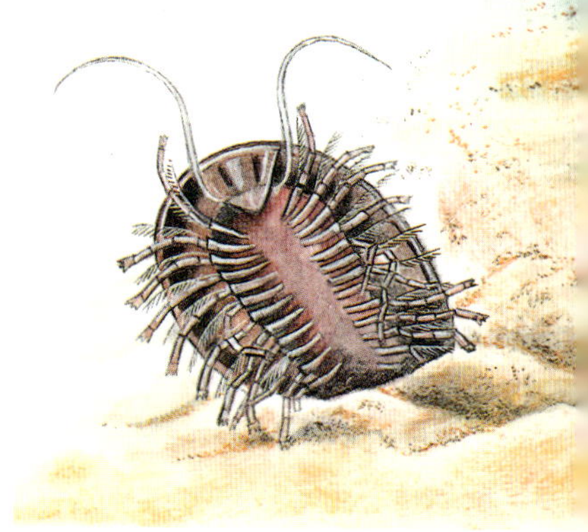

◀ *Un trilobite fossile correspond généralement à la carapace dorsale ou à une partie de celle-ci. Comme ce type d'animal, ainsi que le font encore de nos jours tous les arthropodes, croissait par mues successives, il troquait régulièrement son habit de chitine pour un exosquelette plus grand. On ne retrouve qu'exceptionnellement des pattes ou des antennes.*

▼ *Les trilobites des mers de l'Ordovicien comportaient des formes à longues épines telles que les* Paracybeloides, *actifs nageurs ; les* Chasmops, *écumeurs des fonds aux yeux proéminents ; les* Flexicalymene, *fouissant la vase comme des pelleteuses ; et des myriades d'*Agnostus *faisant penser à des bancs frétillants de minuscules crevettes.*

DES ARTHROPODES GÉANTS

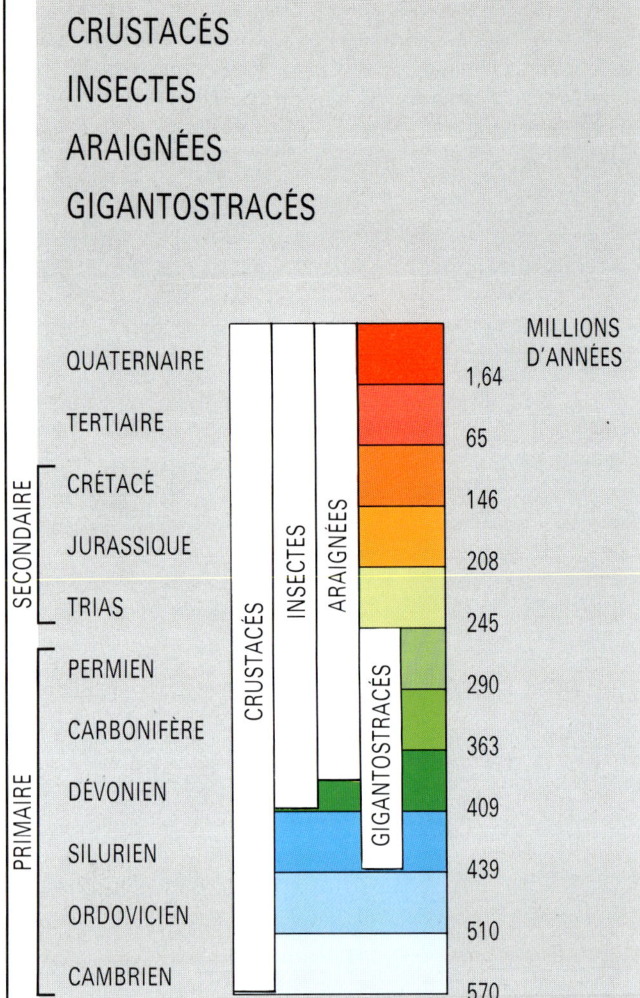

Pour la plupart des spécialistes, les arthropodes descendent des vers, en raison de la segmentation de leur corps. Chaque anneau possède une paire d'appendices, servant fondamentalement à la locomotion et à la respiration. Chez les formes les plus évoluées en organisation, certains d'entre eux sont transformés selon le cas en antennes ou en mandibules, en ailes ou en nageoires, et en organes servant à la reproduction.

Outre les trilobites, d'autres arthropodes ont proliféré dans les mers paléozoïques, et parmi eux les impressionnants « scorpions marins » (nullement parents des scorpions), les euryptérides ou gigantostracés. Les premiers euryptérides n'avaient pourtant que quelques centimètres de long. Ils possédaient une tête bien distincte, armée de deux longs appendices en forme de pinces, suivis de quatre paires d'appendices pour la marche et d'une cinquième paire, plus développée, pour la nage. Puis leur taille augmenta progressivement, atteignant son maximum, il y a 410 millions d'années, avec les *Pterygotus*, longs de 2 m ! Ils rapetissèrent ensuite et disparurent 100 millions d'années plus tard, comme les trilobites, à la fin du Permien.

Autre groupe majeur, la classe des Insectes, apparue au début du Dévonien. Les premiers d'entre eux, véritablement adaptés au vol, remontent à − 320 MA. Ils témoignèrent ensuite d'une extraordinaire faculté d'adaptation et se diversifièrent à un point tel qu'ils sont dans la nature actuelle le groupe le mieux représenté : plus d'un million d'espèces ! Au cours du Secondaire apparurent les cafards, les coléoptères, les sauterelles, puis les papillons et les types modernes tels que termites, fourmis, abeilles et punaises. En raison de la finesse de leur cuticule, les insectes sont fragiles et n'ont guère de chance d'être fossilisés.

Si les insectes actuels sont en général de petite taille, des coléoptères néanmoins dépassent 15 cm de long, et certains phasmes, sauterelles ou phalènes, atteignent les 30 cm. Mais c'est encore une espèce fossile qui détient le record : la célèbre *Meganeura monyi*, libellule du Carbonifère, d'une envergure de 70 cm.

Les araignées, apparues au Dévonien, peu après les premiers insectes, n'ont commencé à prospérer que 100 millions d'années plus tard. Les crustacés, par contre, sont connus depuis le Cambrien, en particulier les ostracodes, (moins de 2 cm) à carapace bivalve, présentes dans tous les milieux aquatiques et capables de résister à de longues périodes de dessication, et très utilisées en stratigraphie. Au Dévonien sont apparus les malacostracés, dont les représentants actuels sont les crabes et les crevettes, et plus tard, au Crétacé, les cirripèdes, formes fixées dont descendent les anatifes et les balanes.

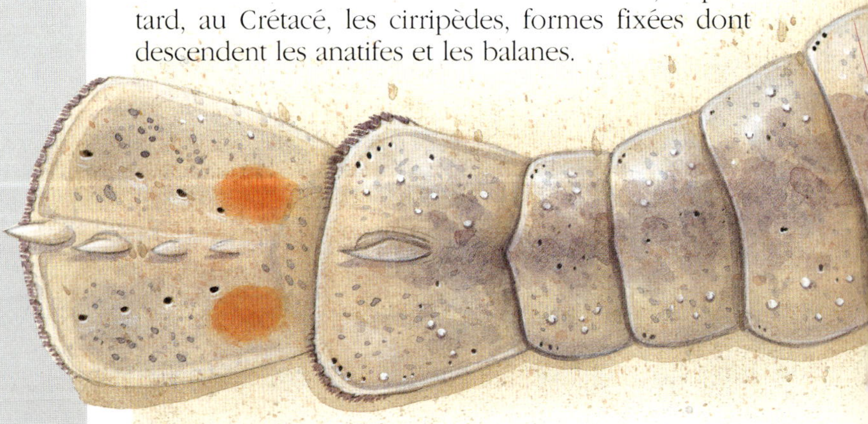

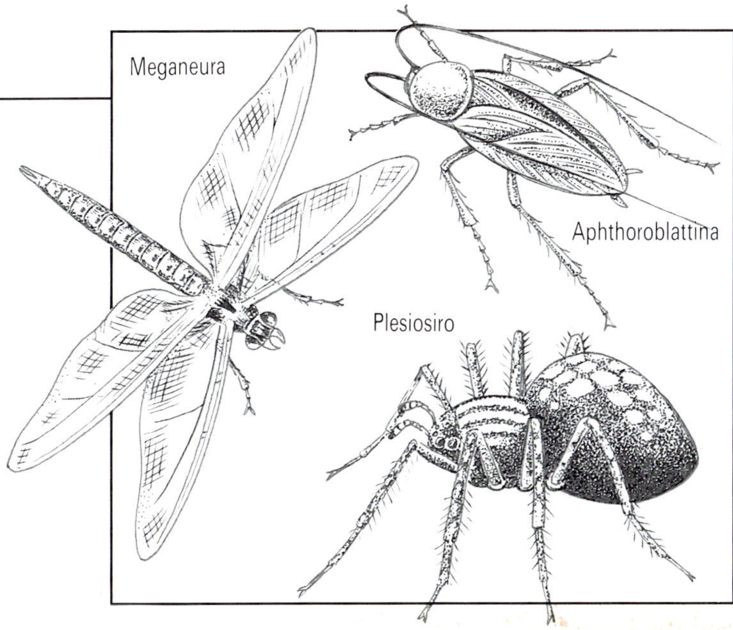

◄ *Insectes et araignées ont abondé durant le* Carbonifère. *La libellule* Meganeura *avait l'envergure d'un perroquet. Le cafard* Aphthoroblattina *savait mimer l'aspect d'une feuille de fougère.* Plesiosiro *est l'une des plus anciennes araignées.*

▼ *Les gigantostracés – improprement appelés scorpions marins – étaient de* redoutables prédateurs des mers et des eaux estuariennes du *Paléozoïque. Avec ses 2 m de long, ses pinces et ses palettes natatoires, le genre* Pterygotus *(Silurien et Dévonien) en est le représentant le plus impressionnant.*

LES BRACHIOPODES

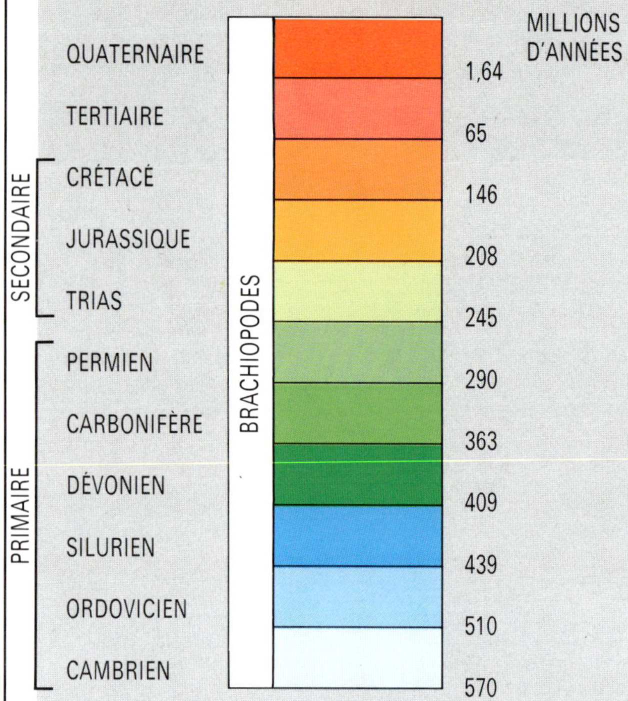

On trouve des brachiopodes fossiles dans de nombreux terrains de toutes les époques, depuis le Cambrien jusqu'à nos jours, parfois en extrême abondance : les géologues en ont récolté des millions d'exemplaires, les plus nombreux conservés dans des terrains d'âge Ordovicien. Durant l'ère Primaire, ils étaient bien plus nombreux que les mollusques bivalves. Puis la tendance s'est inversée au cours du Secondaire et, depuis la fin du Crétacé, les brachiopodes sont largement minoritaires.

Si, dans la nature actuelle, l'embranchement des Brachiopodes est moins important en nombre que celui des Mollusques, il fut par contre extrêmement florissant au cours des Temps fossilifères, depuis son apparition au Cambrien.

Comme les mollusques lamellibranches, avec lesquels ils n'ont pourtant aucune parenté, les brachiopodes possèdent une coquille bivalve. Mais les deux valves de cette coquille n'ont pas la même taille et l'organisation du corps est différente. En particulier, les brachiopodes possèdent un organe tout à fait original, le **lophophore**, long tube creux et cilié dessinant deux bras périphériques dans la cavité, servant notamment à l'alimentation et à la respiration. Comme les lamellibranches, ce sont des organismes filtreurs qui se nourrissent de microplancton.

La coquille des premiers brachiopodes n'était pas articulée : les deux valves, simplement maintenues par des muscles, étaient accolées l'une à l'autre. Cranies et lingules, qui n'ont guère évolué, sont encore représentées dans la nature actuelle : la coquille des premières est collée sur le rocher par sa grande valve, celle des secondes enfouie dans le sédiment au bout d'un long pédoncule.

Très vite sont apparus d'autres brachiopodes dont la coquille était articulée, la petite valve pivotant autour d'un axe parallèlement à l'arrière de la coquille. La charnière comporte encore, sur les formes actuelles, deux dents sur la grande valve, logeant dans deux fossettes sur la petite valve, les muscles ne servant alors qu'à ouvrir et fermer la coquille. Mieux équipés, les brachiopodes articulés ont vite prospéré,

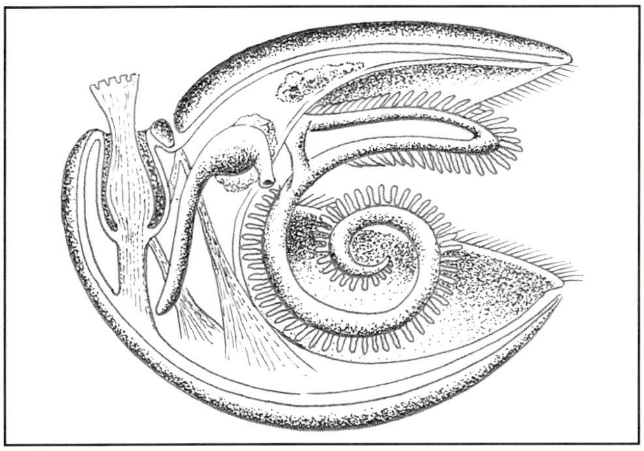

conquérant toutes les mers du globe sous toutes les latitudes et à toutes les profondeurs. Ces animaux sédentaires sont fixés au substrat par cimentation, par un pédoncule trapu ou long et grêle, certains reposant simplement sur le fond. Leur taille varie de quelques millimètres à plusieurs centimètres, le *Productus* du Carbonifère atteignant 30 cm.

▲ *L'intérieur de la coquille d'un brachiopode est occupée pour l'essentiel par le lophophore et par des muscles commandant l'ouverture et la fermeture des valves.*

▼ *Fragment de roche du Primaire montrant une accumulation de coquilles fossiles. Alors dominants (plus de 7 000 espèces fossiles décrites), ils ne sont plus représentés de nos jours que par 200 espèces.*

▶ *Selon les familles considérées, chaque coquille de brachiopode a sa forme particulière, avec parfois des bourrelets et des sillons, et son type d'ornementation propre, stries concentriques, côtes rayonnantes, épines et perles.*

CORAUX ET ÉCHINODERMES

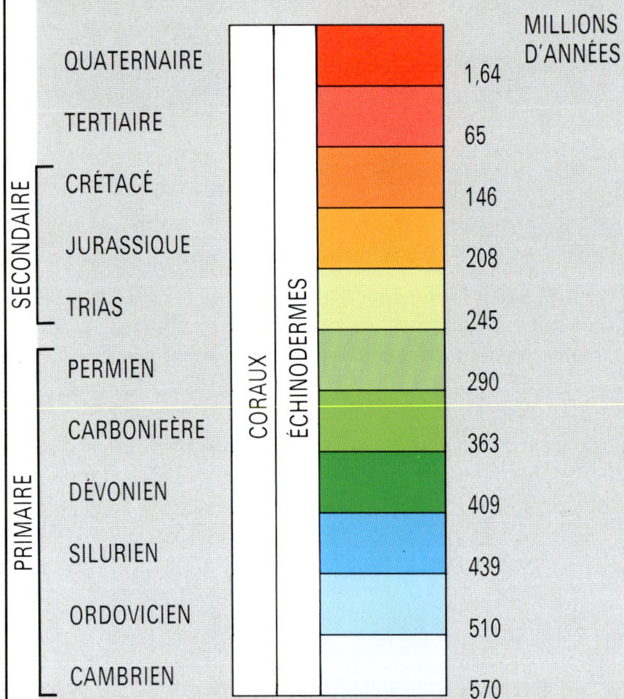

Peu avant le début du Cambrien, différents types d'animaux occupaient déjà le terrain. C'est ainsi que l'embranchement des Cnidaires était déjà représenté par des animaux à corps mou totalement nu. Leurs fossiles sont évidemment rares.

Mieux connus sont les coraux qui édifient un squelette externe facilement fossilisable. Le corps de chaque animal, ou **polype**, forme une colonne fixée par sa base et dont l'ouverture est entourée par une couronne de tentacules. Ces bras mobiles, dotés de **cellules urticantes** (comme tous les cnidaires) capturent les proies et les paralysent avant de les introduire dans la cavité digestive. Certains coraux sont solitaires, mais beaucoup sont des formes coloniales portées par un squelette commun, le polypier.

Les coraux ont particulièrement prospéré il y a 400 millions d'années, au cours du Dévonien, édifiant des récifs. Ils disparurent à la fin de l'ère Primaire. Pourquoi ? Encore une fois, mystère. Mais ils furent remplacés par des formes nouvelles dont les coraux actuels sont les descendants directs.

Apparus auprès des premiers coraux, l'embranchement des Échinodermes, des formes à **symétrie pentaradiée** (dessin géométrique à 5 branches), connut également un sort favorable. Le représentant le plus familier en est à coup sûr l'étoile de mer, déjà présente dans des sédiments vieux de 500 millions d'années. Chacun des cinq bras (ou multiple de cinq) de ces actives chasseresses est muni de filaments extensibles, appelés pieds ambulacraires. Les étoiles de mer ne sont pas facilement fossilisables, leur squelette étant réduit à quelques plaques calcaires.

La classe des Crinoïdes, au contraire, a livré d'innombrables fossiles, en particulier dans les terrains de l'ère Primaire. Le corps de ces animaux est contenu dans un **calice** surmonté d'une **couronne de bras** articulés flexibles et mouvants, le tout fixé au substrat par une longue **tige** constituée par un empilement de petits articles calcaires.

Autre classe jouant un rôle majeur en paléontologie : celle des Échinoïdes, c'est-à-dire des oursins, dont le corps est abrité dans une **thèque sphérique** plus ou moins déformée, souvent hérissée de piquants ou de bâtonnets. Cette classe a fourni, tout au long des Temps fossilifères, des milliers d'espèces dont beaucoup sont utilisées pour dater les terrains.

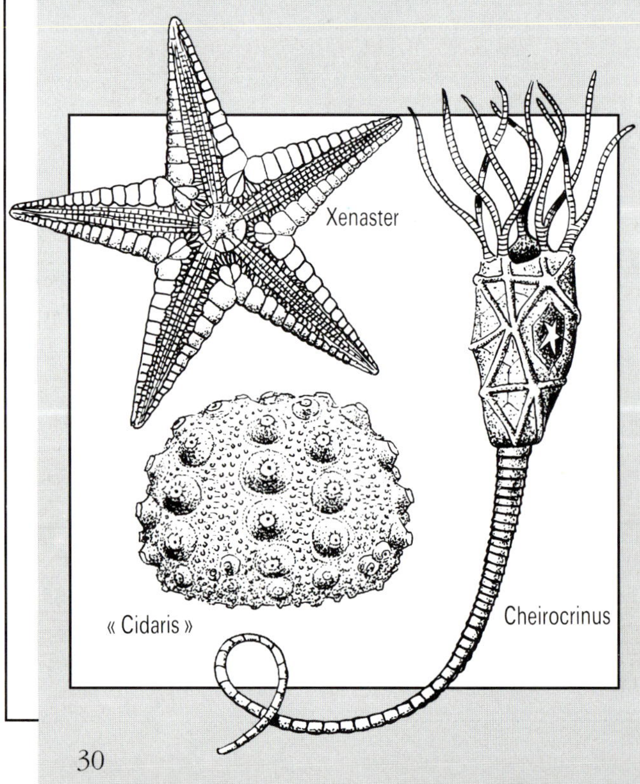

◄ *Ci-contre, une étoile de mer (a), un crinoïde (b) et un oursin (c). Les crinoïdes sont des échinodermes fixés dont certaines espèces forment des « prairies » au fond de la mer. Au milieu, une thèque d'oursin débarrassée de ses radioles en bâtonnets dont chacun était maintenu à l'aide de muscles autour d'un granule sphérique, véritable rotule d'articulation.*

▼ *Dans cet environnement récifal du Silurien, on reconnaît de petits coraux solitaires* (Ketophyllum) *et des constructions basses massives, dont chaque point rose est un minuscule polype appartenant à une espèce coloniale de* Favosites. *Au premier plan, une étoile de mer* (Lapworthura). *Le tout dominé par une prairie de crinoïdes, lys de mer aux gracieux calices recourbés* (Gissocrinus).

ÉPONGES, GRAPTOLITES ET PROTISTES

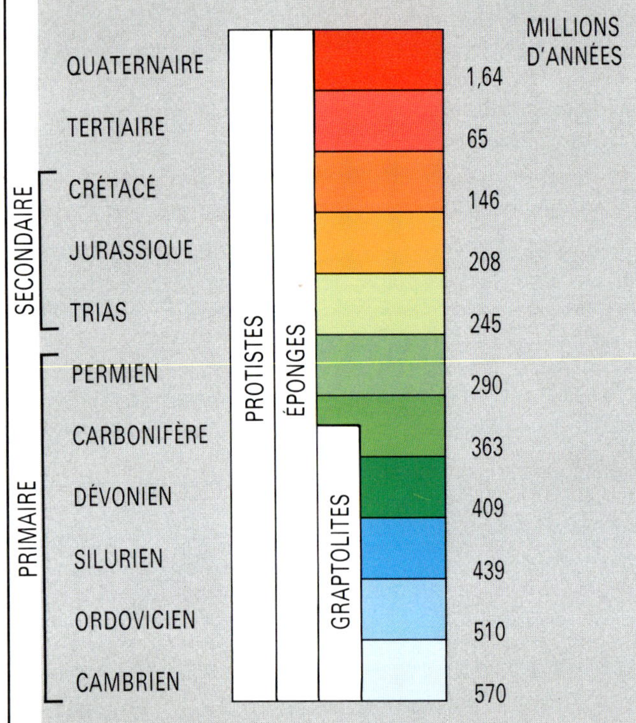

Les parties dures, qui appartiennent au squelette, sont plus facilement fossilisables que les parties molles, sujettes à la décomposition par les bactéries. Constituants essentiels des coquilles (foraminifères, mollusques, brachiopodes, oursins, etc.) et des réseaux squelettiques (radiolaires, éponges, etc.), les substances minérales les plus fréquentes sont la calcite et la silice que les animaux puisent dans l'eau. Après fragmentation en menus débris ou même dissolution des coquilles tombées sur les fonds marins, ces substances s'accumulent ou précipitent et sont à l'origine des roches sédimentaires : par exemple des calcaires avec la calcite, et des silex avec la silice. Des substances organiques peuvent également jouer un rôle comparable dans la fabrication des squelettes : la spongine (éponges) et surtout la chitine (graptolites et tous les arthropodes).

Les éponges – embranchement des Spongiaires – sont des organismes marins toujours fixés, en forme de cylindre ou de coupe évasée. Les premières sont apparues très tôt dans le Cambrien, peut-être même avant. Elles sont constituées de cellules, certaines indifférenciées, d'autres spécialisées (nutrition, reproduction). Leur structure et leur forme se sont progressivement compliquées au cours du temps. La structure alvéolaire des éponges actuelles en est le stade ultime.

Le squelette de la plupart des éponges est constitué par un fragile **réseau d'aiguilles calcaires ou siliceuses** (des spicules) dont on retrouve les débris épars dans les sédiments et au niveau de moules ou d'empreintes.

Il est des formes animales exclusivement coloniales : ainsi l'embranchement des Bryozoaires et la classe des Graptolites. Les bryozoaires doivent leur nom (littéralement animaux-mousses) à l'aspect de bon nombre de leurs colonies. De minuscules individus sont abrités dans des loges portées sur des branches ou des lames squelettiques communes.

Les graptolites (*graptos* = gravé et *lithos* = pierre) sont ainsi nommés parce que les empreintes qu'ils ont laissées apparaissent comme des gravures à la surface des roches. Exclusivement fossiles, ils sont apparus au Cambrien et ont disparu au cours du

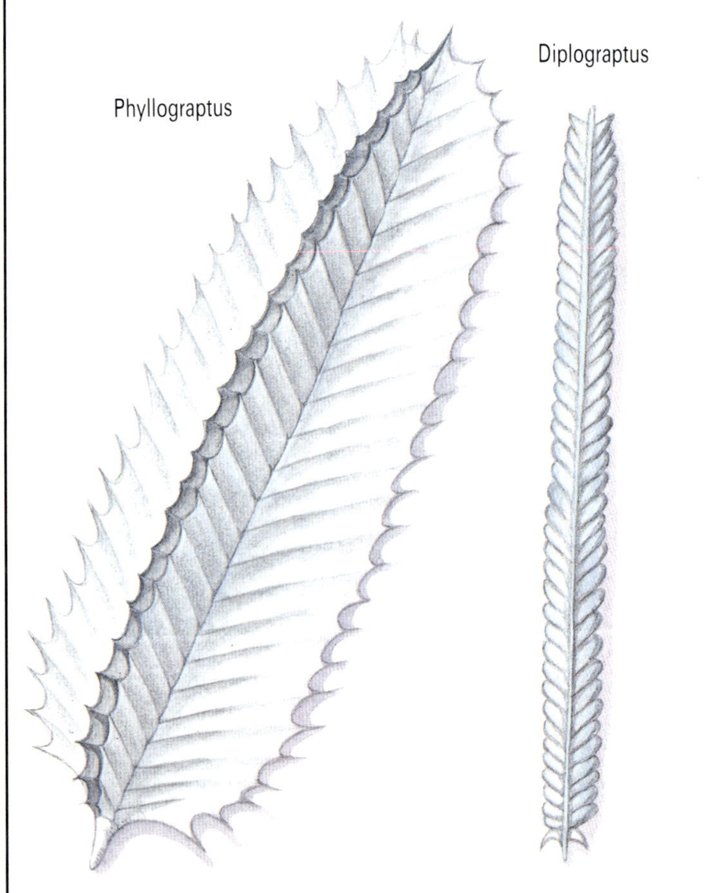

Carbonifère. Les individus (ou zoïdes) sont logés dans des tubes (ou thèques) diversifiés en trois types dès l'origine du groupe, selon les fonctions à accomplir. Les colonies rameuses sont de formes très variées.

Tous les fossiles présentés jusqu'à présent pouvaient être observés à l'œil nu, parce que la taille de ces organismes pluricellulaires est au moins de l'ordre du centimètre ou du décimètre. Or, certains organismes comme les protistes ne sont constitués que d'une seule cellule, et sauf de rares exceptions (certains foraminifères ont atteint 6 cm de diamètre), il faut une forte loupe ou un microscope pour les examiner. Encore n'est-ce possible que s'il s'agit de protozoaires possédant un squelette, ce qui ne fut pas le cas pendant un milliard d'années ou plus. Ce n'est qu'au Carbonifère que s'épanouirent de telles formes fossilisables (les fusulines), abondamment représentées par la suite (les nummulites au Tertiaire). Certains lits sédimentaires sont presque exclusivement constitués par l'accumulation de leurs tests calcaires (pierre à liards dans l'Éocène du Bassin de Paris). Les tests siliceux d'autres organismes microscopiques ont formé l'essentiel de certains sédiments (boues à radiolaires) pouvant conduire à la formation de roches sur plusieurs centaines de mètres d'épaisseur.

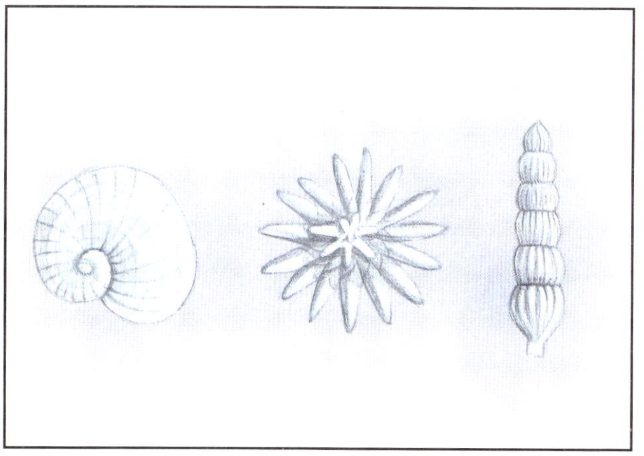

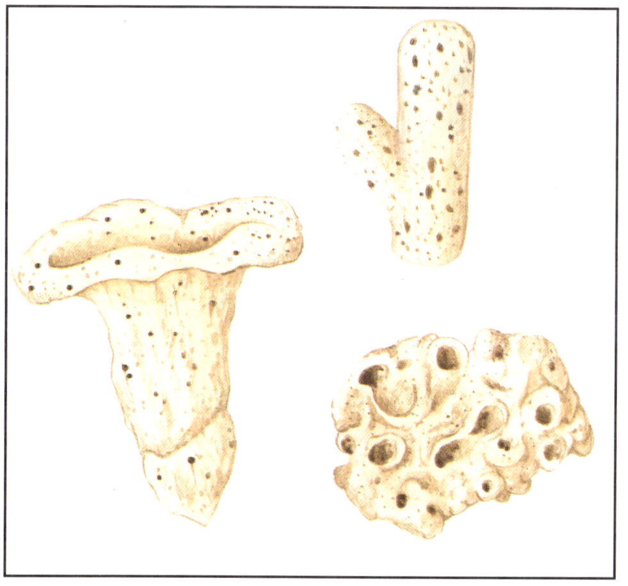

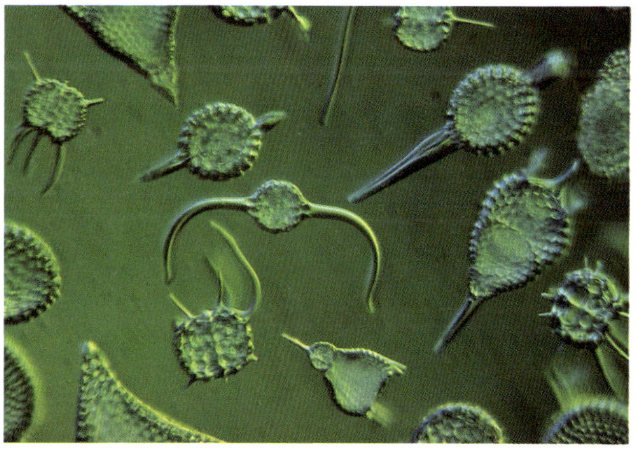

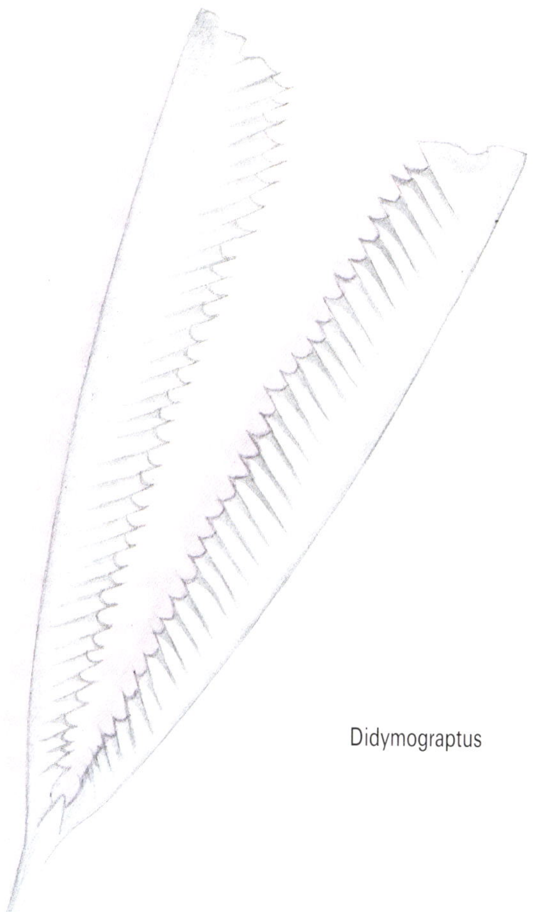

Didymograptus

◀ Les graptolites, fossiles de l'ère Primaire, se présentent sous forme de colonies d'individus alignés le long de petites branches de la taille d'un doigt. Chez les formes les plus anciennes, les colonies présentaient de nombreuses branches, mais, progressivement, elles n'en ont plus présenté que deux ou une, comme chez les formes figurées ici.

▲ Les éponges (au milieu) se présentent parfois à l'état fossile sous leur forme d'origine. Les foraminifères (en haut) possèdent de minuscules thèques calcaires dont l'accumulation conduit à la formation de roches calcaires. Les radiolaires (en bas) font de même, mais avec de la silice.

LES PREMIERS VERTÉBRÉS

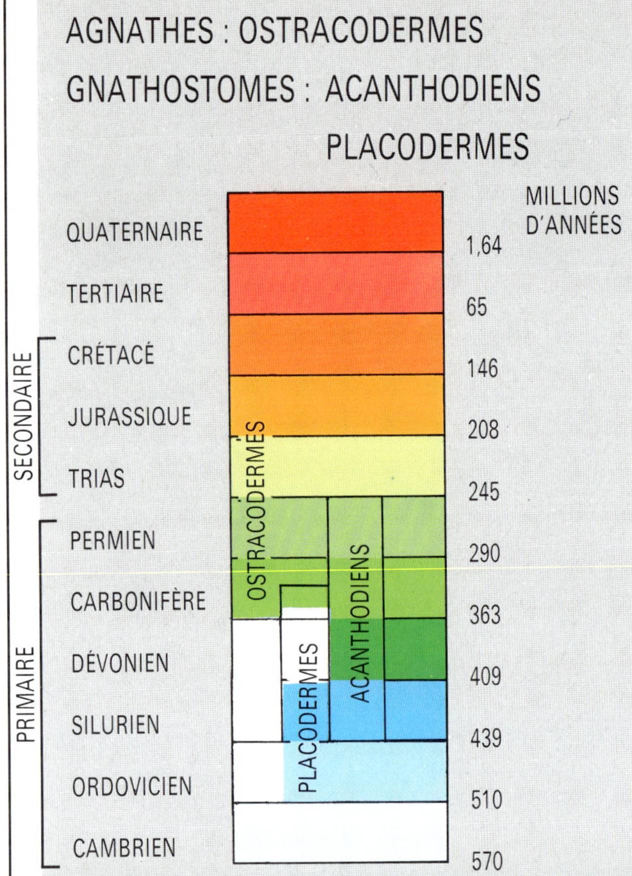

Cordés et Échinodermes semblent avoir eu un ancêtre commun parmi les Stomocordés. Il n'est donc pas étonnant de trouver quelques ressemblances entre les Vertébrés primitifs (qui sont les Cordés) et les Calcicordés (qui sont des Échinodermes ; p. 30). Ci-dessous, l'allure d'un Calcicordé, avec une tête aplatie possédant une bouche et un cerveau, et une queue.

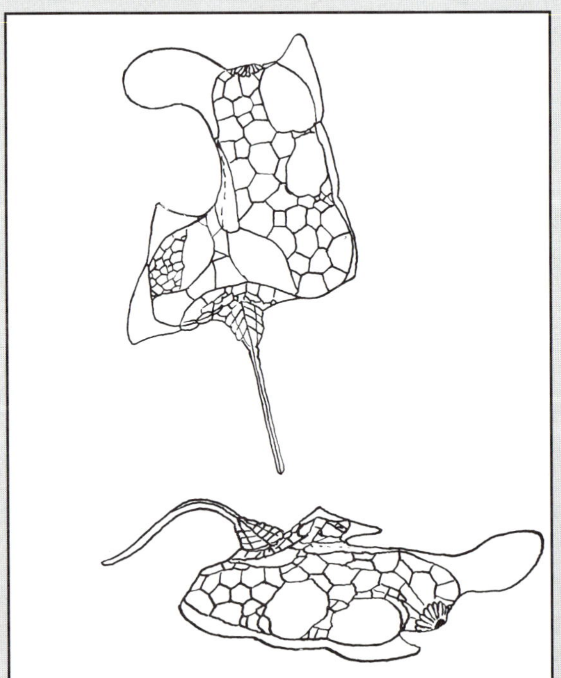

Les Vertébrés forment un embranchement au sein d'un ensemble plus vaste qui contient aussi les Urocordés (tuniciers) et les Céphalocordés (lancelets). **Leur origine précise demeure un mystère**.

L'histoire de l'évolution des Vertébrés est aussi obscure, même si l'on s'accorde à reconnaître pour schéma général une première séparation entre deux groupes frères, les **formes agnathes** (sans mâchoires) et les **formes gnathostomes** (avec mâchoires), dont l'ensemble constitue ce que l'on appelle couramment les « Poissons » (un véritable fourre-tout). Et c'est parmi les Gnathostomes qu'émergeront des formes qui donneront les premiers Amphibiens et les premiers Reptiles.

Les plus primitifs de ces organismes nouveaux étaient caractérisés par la présence d'une formation axiale souple en position dorsale (la **corde**) autour de laquelle se développe une enveloppe squelettique métamérisée (la future colonne vertébrale) abritant un long filament nerveux (la moelle épinière), et prolongée vers l'avant du corps (la tête) par une petite boîte (le crâne) abritant un renflement du système nerveux (le cerveau). Il n'y a encore ni mâchoires ni membres (ces animaux sont donc agnathes et apodes), ni aucune autre structure anatomique majeure des Vertébrés.

Les Agnathes, apparus vers la fin du Cambrien, connurent leur apogée entre la fin de l'Ordovicien et la fin du Dévonien, 130 millions d'années plus tard. Les lamproies et les myxines en sont les seuls représentants modernes.

Certains Agnathes fossiles (les Ostracodermes : *ostrakon* = coquille et *derma* = peau) étaient cuirassés. Leur tête en particulier était protégée par une carapace osseuse solide, le **bouclier céphalique**, le reste du corps étant simplement tapissé de petites plaques. Leur bouche ronde, située du côté ventral, suggère un mode d'alimentation limivore.

▲ *Une bande de poissons erre en quête de nourriture. L'ostracoderme* Dartmuthia, *long de 10 cm et doté d'un magnifique bouclier céphalique, explore la vase du fond. Au-dessus de lui nagent deux formes à écailles,* Pharyngolepis, *au corps aplati latéralement, et* Jamoytius *(27 cm), à allure d'anguille.*

Les premiers Gnathostomes fossiles, les Acanthodiens (*akantha* = épine) ou **Poissons épineux**, avait un squelette cartilagineux non osseux. Leur corps était recouvert de petites écailles juxtaposées et possédait des nageoires paires réduites à un aiguillon. Ils ont vécu du Silurien au Permien.

Les Placodermes (*plaks* = plateau), autre classe de Gnathostomes fossiles, possédaient une **armure dermique** de plaques osseuses très développée à l'avant, le reste du corps étant recouvert d'écailles. Leur tête était mobile. Ils ont vécu une soixantaine de millions d'années, entre le Dévonien et le début du Carbonifère.

◀ Dunkleosteus, *le plus redoutable des Placodermes, mesurait 3,5 m de long. Sa bouche était armée de dents puissantes. Il semble avoir proliféré dans toutes les mers du Dévonien.*

◀ Arandaspis *(15 cm) est l'un des plus anciens vertébrés connus : il provient de l'Ordovicien inférieur d'Australie.*

LES POISSONS

CHONDRICHTYENS (cartilagineux)

OSTEICHTYENS (osseux) :

ACTINOPTERYGIENS

SARCOPTERYGIENS

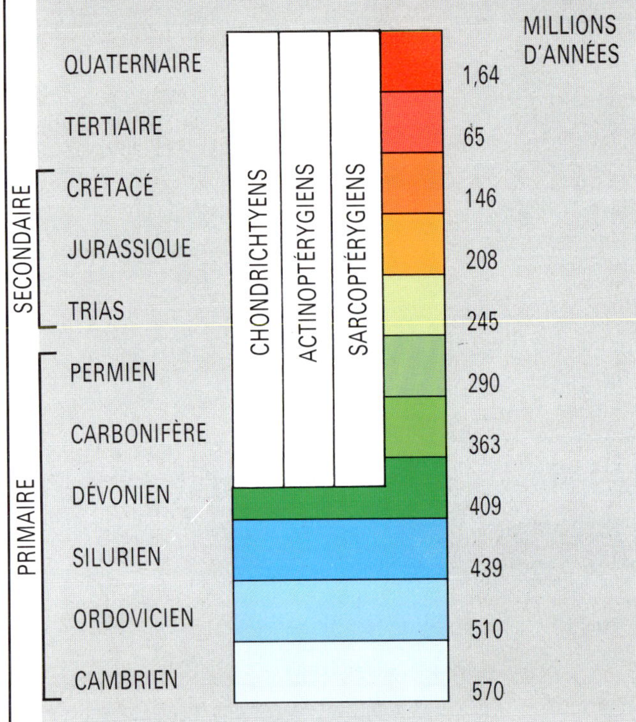

Les plus anciens squelettes des Vertébrés n'étaient pas osseux, mais cartilagineux. D'où le nom de **Poissons cartilagineux**, utilisé pour désigner un ensemble de formes fossiles qui connurent un remarquable succès et dont la nature actuelle possède encore de vivaces représentants avec les requins et les raies.

Parmi les plus anciens d'entre eux, tel le genre dévonien *Cladoselache*, poisson de 1,80 m de long, certains ressemblaient aux requins tandis que d'autres présentaient des formes très particulières. *Xenacanthus*, par exemple, commun du Dévonien au Permien, ressemblait à une anguille. Leurs squelettes étaient renforcés par une mince couche osseuse externe.

Les **Poissons osseux**, au squelette entièrement ossifié, étaient apparus au Dévonien et probablement à la fin du Silurien avec le groupe des Actinoptérygiens (*actis* = rayon) ou **Poissons à nageoires rayonnantes**. Ils avaient probablement pris naissance à partir de poissons cartilagineux tels que les Acanthodiens, lesquels possédaient déjà une bonne quantité de matière osseuse dans leur cuirasse, leurs opercules branchiaux et leur ceinture scapulaire.

Le corps des premiers actinoptérygiens était recouvert d'épaisses écailles osseuses disposées en rangées diagonales, présentait une longue nageoire dorsale et se terminait par une queue effilée. Apparus dans les eaux marines du Dévonien, ces poissons se sont diversifiés à l'extrême, dès le Crétacé, au point de constituer dans la nature actuelle le groupe des Vertébrés le plus nombreux, avec 23 000 espèces recensées (ce sont nos poissons familiers) et ont conquis tous les milieux aquatiques.

L'autre groupe de poissons osseux précocement différenciés est celui des Sarcoptérygiens (*sarks* = chair) ou **Poissons à nageoires charnues**, soutenues par des plaques osseuses. Apparus au Dévonien

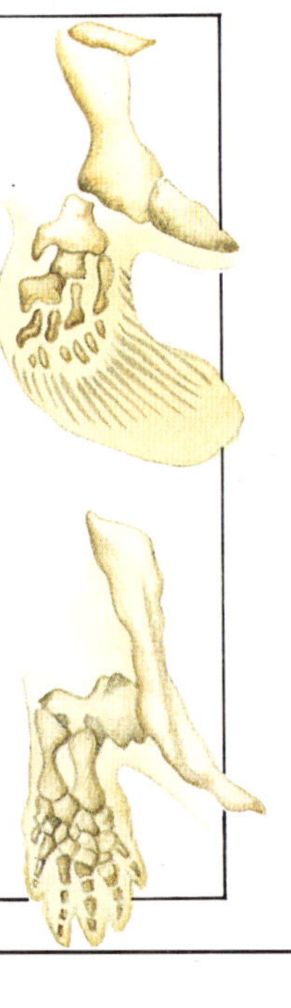

◀ *Les poissons à nageoires charnues comme* Eusthenopteron *(1,20 m de long) pouvaient survivre quelque temps hors de l'eau. Un changement dans la disposition des os des nageoires de tels poissons a permis le passage aux membres locomoteurs des premiers amphibiens.*

▶ *Dans un lac du Dévonien supérieur,* Cheirolepis *et* Osteolepis *nagent tandis que le petit* Moythomasia *(9 cm) tente d'échapper aux dents du redoutable* Xenacanthus *(75 cm).*

inférieur, ils ont évolué parallèlement aux actinoptérygiens. L'un de leurs groupes, celui des Actinistiens, a longtemps été considéré comme exclusivement fossile, jusqu'au jour où l'on découvrit dans l'océan Indien l'un de ses représentants : le fameux coelacanthe, *Latimeria chalumnae*, véritable « fossile vivant ».

Les sarcoptérygiens, n'ont pas connu le succès des actinoptérygiens. Le seul groupe vraiment important est celui des Dipneustes, dont la denture était formée de plaques qui leur permettaient probablement de broyer des coquillages. Dès le Trias, ils ont donné des formes très proches des formes actuelles, telles que les barracudas d'Australie. Par contre, c'est au sein des Dipneustes que sont apparus les premiers Vertébrés tétrapodes, c'est-à-dire pourvus de quatre membres locomoteurs.

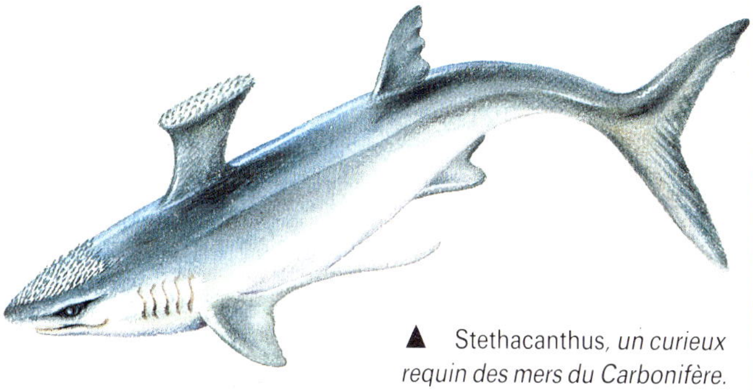

▲ Stethacanthus, *un curieux requin des mers du Carbonifère. Long de 70 cm, il arborait sur son dos une étrange bosse, peut-être un organe de parade.*

DES POISSONS AUX AMPHIBIENS

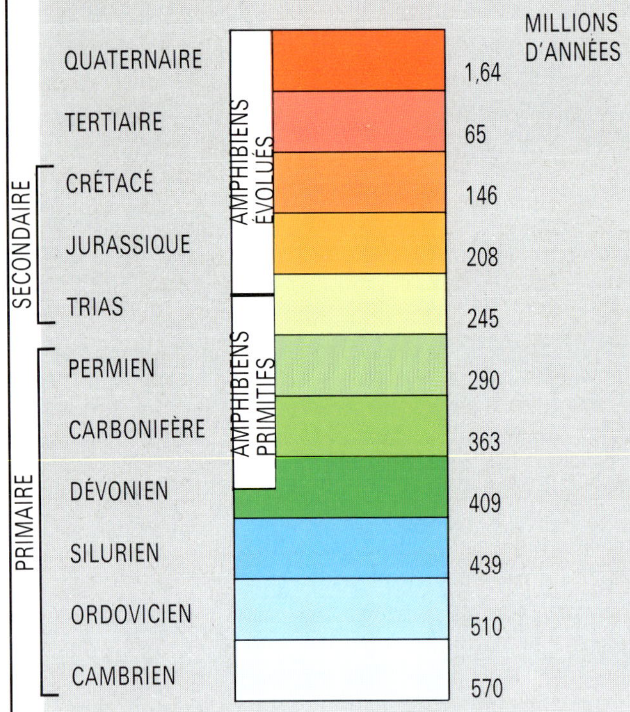

Les premiers Amphibiens connus ont été récoltés au Groenland dans les Vieux Grès Rouges du Dévonien supérieur. *Ichtyostega* est le plus connu d'entre eux, avec un mélange de caractères d'amphibien et de caractères de poisson : d'une part corps robuste possédant un cou et doté de quatre membres porteurs aux cinq doigts largement étalés, d'autre part crâne allongé présentant deux narines externes à la face inférieure et une nageoire sur la queue. Autres formes très archaïques : les *Loxomma*, à crâne triangulaire surbaissé, récoltés dans des couches ferrugineuses du Carbonifère d'Écosse.

La transition entre les Vertébrés strictement aquatiques et les Vertébrés strictement terrestres s'est faite par l'intermédiaire du groupe des Amphibiens, dont le nom exprime parfaitement le recours à **deux milieux de vie** (*amphi* = double et *bios* = vie). De nos jours, ces animaux constituent une classe relativement peu importante par rapport aux autres Vertébrés (Poissons, Reptiles, Oiseaux et Mammifères), même si leurs représentants nous sont familiers, avec les grenouilles, crapauds, tritons et salamandres. En fait, cette discrétion dans le monde actuel masque un fait d'évolution capital dans l'histoire de la vie sur notre planète : le **passage à la vie hors de l'eau** qui a permis la conquête des continents. Cela se passait il y a 400 millions d'années.

Au cours du Dévonien, les premières forêts couvraient les rives des lacs et des rivières, s'étendaient sur les marais et les lagunes. Une multitude d'insectes, d'araignées et de mille-pattes prospéraient dans cette végétation luxuriante. Certains poissons à nageoires charnues, occasionnellement exposés à l'air libre dans des mares en voie d'assèchement temporaire ou poussés on ne sait trop par quel instinct à s'aventurer sur la rive, commençaient à trouver hors de l'eau de nouvelles sources de nourriture. Dès lors qu'ils pouvaient même se maintenir sur la terre ferme pendant la saison des pluies, leurs générations successives en adoptèrent le rythme, d'autant que ces aventureux pionniers se soustrayaient du même coup au danger que représentent les prédateurs. Quelle que soit la cause de cette sortie des eaux au cours du Dévonien, on ne peut que constater cette évolution de sarcoptérygiens en amphibiens.

Un amphibien typique est un animal parfaitement adapté à la vie sur terre, pourvu qu'il puisse disposer de certaines quantités d'eau à des moments précis de son développement. Il peut s'y mouvoir en s'appuyant sur quatre pattes, y respirer grâce à des poumons, et observer les environs grâce à des yeux qui supportent le contact de l'air. Par contre, ses œufs et les jeunes qui en sortent doivent impérativement accomplir leur développement en milieu aquatique : le stade têtard dans le développement de la grenouille en est l'illustration.

Ichtyostega

▶ *Les forêts de la fin du Carbonifère abritaient une multitude d'amphibiens. Certains comme* Keraterpeton *ressemblaient à de petits lézards, d'autres comme* Ophiderpeton *à des serpents. Certains comme* Microbrachis *conservaient leurs branchies au stade adulte. Ils étaient tous la proie idéale du redoutable* Eogyrinus *à l'allure d'alligator.*

DES AMPHIBIENS AUX REPTILES

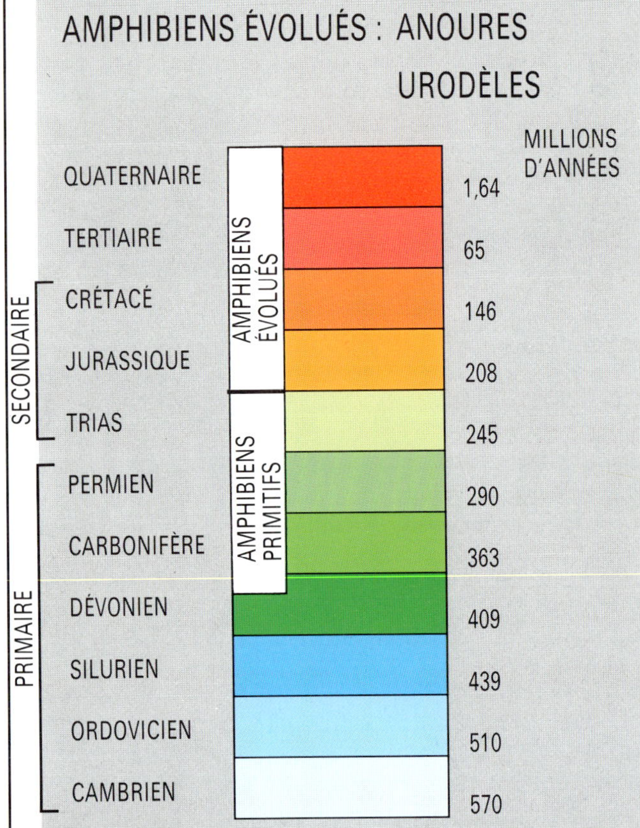

Les Amphibiens primitifs ou Stégocéphales sont répartis dans deux ensembles : les Labyrinthodontes (qui doivent leur nom aux replis complexes que dessine l'ivoire de leurs dents) et les Lépospondyles. Ils ont vécu du Dévonien au Trias. Les Amphibiens modernes comportent également deux groupes principaux : les Anoures (grenouilles et crapauds) apparus au Trias *(Triadobatrachus)*, et les Urodèles (tritons, salamandres) apparus plus tardivement au Jurassique *(Karaurus)*.

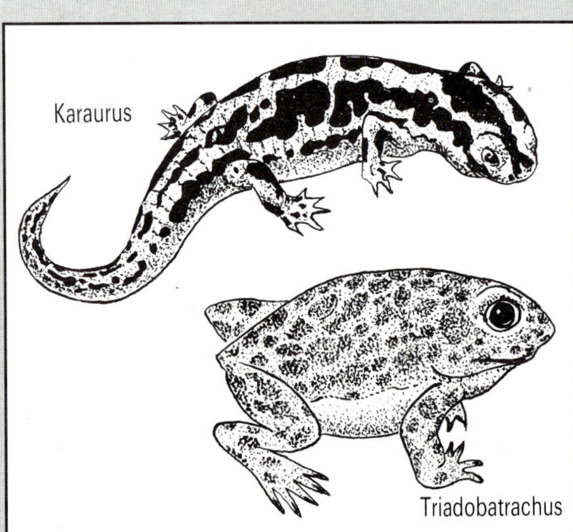

Les Amphibiens primitifs sont réunis dans le vaste ensemble des Stégocéphales (dont 400 espèces ont été décrites) représenté du Dévonien au Trias. Plus grands que les formes actuelles, ces amphibiens fossiles, adaptés à la vie aquatique, avaient une voûte crânienne entièrement ossifiée et aplatie, avec des os creusés de canaux.

Le Carbonifère a été l'âge d'or des Amphibiens. Des animaux à allure de lézard se faufilaient dans un dédale de plantes, en quête d'insectes. D'autres à allure de serpent, comme l'*Ophiterpeton*, fouillaient dans la vase à la recherche de vers et de myriapodes. Certains retournaient à la vie aquatique d'origine. *Keraterpeton* chassait les invertébrés aquatiques. Des monstres de 4,50 m comme *Eogyrinus* vivaient comme les alligators.

◀ Triadobatrachus, *long de 10 cm, est l'ancêtre des* Anoures. Karaurus, *long de 20 cm avec sa queue, est l'ancêtre des* Urodèles.

Au Permien, certaines régions furent touchées par la sécheresse. De nombreux amphibiens s'adaptèrent à ces nouvelles conditions de vie. Parmi les formes aquatiques, *Diplocaulus* (60 cm) avait l'allure d'un poisson plat et une tête en forme de boomerang. Parmi les formes terrestres, l'*Eryops* mesurait 2 m de long, avec un corps massif, des membres trapus et une grosse tête. Des plaques osseuses vers l'arrière servaient à l'insertion de muscles puissants nécessaires pour ses déplacements sur un sol ferme, mais le type d'articulation de ses mâchoires laisse à penser que l'animal ne pouvait ouvrir la bouche que lorsqu'il se trouvait dans l'eau. Il est donc fort probable que de tels amphibiens, passant la plupart de leur temps sur terre, retournaient dans le milieu aquatique pour se reproduire mais aussi pour se nourrir.

D'autres formes terrestres étaient si bien adaptées à la vie à l'air libre qu'on a pu les prendre pour des reptiles. Ainsi *Diadectes* (3 m de long), dont la denture émoussée suggère qu'il devait se nourrir de poissons cuirassés, dont il pouvait broyer les plaques dermiques, ou de végétaux. Dans ce dernier cas, de tels amphibiens auraient été les premiers vertébrés terrestres à évoluer vers un régime alimentaire herbivore.

Les premiers amphibiens de type moderne (classe des Lissamphibiens) sont des ancêtres des grenouilles récoltés dans le Trias de Madagascar *(Triadobatrachus)*. Ce sont des formes sans queue (Anoures), par opposition aux formes qui en sont pourvues (Urodèles).

▼ *Dans ce paysage semi-désertique du Permien d'Amérique du Nord, on peut reconnaître le puissant* Eryops *(au premier plan à droite), observant deux étranges* Diplocaulus *à tête triangulaire et un petit* Pantylus. *Sur les rives ou dans l'eau, cinq* Diadectes *à allure de crocodiles et deux* Platyhystrix *se réchauffant au soleil à l'aide de leur voilure.*

LES ANCÊTRES DES REPTILES

COTYLOSAURES

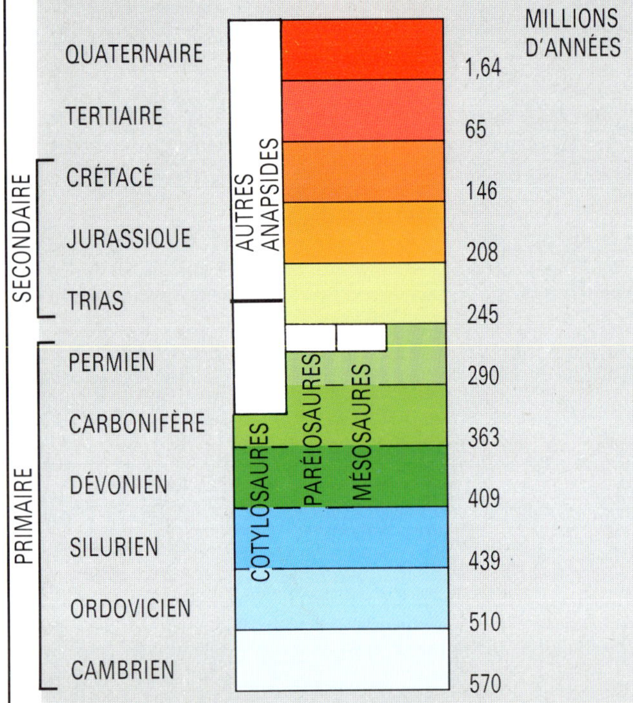

La « classe des Reptiles » réunit au moins dix classes, dont trois seulement sont représentées dans la nature actuelle (tortues, lézards et crocodiles). La classification des reptiles repose en grande partie sur la configuration de leur squelette. Le crâne des plus primitifs d'entre eux ne présentait pas de fosses temporales en arrière des yeux : une telle disposition est dite **anapside**. On distingue chez les reptiles trois autres types de structures crâniennes : **synapside** (avec une fenêtre temporale), **diapside** (avec deux fenêtres) et **euryapside**, dérivée de la précédente (une seule fenêtre, mais située plus haut que chez les formes synapsides).

Tandis que les amphibiens évoluaient dans les sous-bois humides de la forêt houillère, regagnant l'eau des lacs et des rivières pour s'y reproduire, d'autres vertébrés tétrapodes, très généralement appelés reptiles (*reptilis* = rampant), évoluaient suivant des voies différentes, plus spécifiquement adaptés à la vie terrestre. Ils dotèrent notamment leurs œufs de coquilles minéralisées, ce qui en permit l'éclosion et la maturation à l'air libre. Les plus anciens vertébrés de ce type datent du Carbonifère. On les réunissait autrefois dans le groupe souche des Cotylosaures, aujourd'hui contesté.

Avec les climats secs du Permien, les reptiles essaimèrent rapidement sur le continent, remplaçant progressivement leurs parents amphibiens. Les premiers d'entre eux étaient des **formes anapsides**, c'est-à-dire des formes ne présentant pas d'ouverture des os crâniens en arrière des yeux. La plupart ressemblaient déjà à nos lézards, se nourrissant d'insectes et autres invertébrés. D'autres cependant revêtaient des formes différentes.

Parmi les premiers reptiles herbivores figurent les *Pareiasaurus* du Permien supérieur, bêtes massives qui devaient ressembler quelque peu à nos vaches. Les herbivores ont nécessairement de gros intestins capables d'accueillir de grandes quantités de végétaux, et ces animaux n'ont pas besoin d'être aussi légers et alertes que les prédateurs actifs.

Certains reptiles retournèrent rapidement au mode de vie aquatique de leurs ancêtres. Tel est le cas de *Mesosaurus*, reptile à allure de petit crocodile (1 m de long), avec une tête allongée et un museau effilé. La denture en forme de peigne devait servir à retenir les coquilles et les carapaces des invertébrés contenus dans les paquets de boue dont ils remplissaient leur gueule. Fait apparemment singulier, de tels animaux ont été récoltés à la fois en Afrique et en Amérique du Sud. Ils constituent, parmi beaucoup d'autres, un témoignage sur la configuration des continents à la fin du Primaire : Afrique et Amérique du Sud ne formaient encore qu'un seul bloc, appartenant au continent de Gondwana, au milieu duquel ne devait s'ouvrir que plus tard l'océan Atlantique.

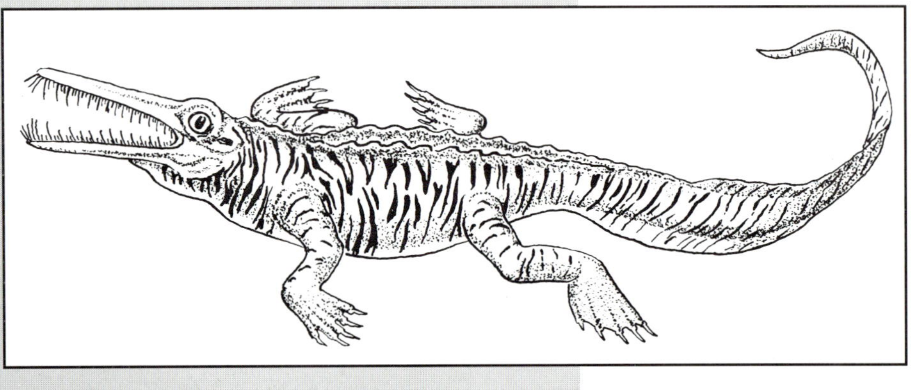

◀ Mesosaurus *était un reptile piscivore qui peuplait les eaux douces dans le sud de la Pangée, ce vaste continent unique émergé à la fin du Primaire, avant le début de son morcellement à partir du Trias.*

◀ *Le plus vieux reptile connu provient du Carbonifère d'Écosse :* Westlothiana, *de la forme d'un petit lézard de 8 cm de long.*

▼ *Dans ce paysage brumeux du Permien, un* Pareiasaurus *de 2,50 m (à droite) et un* Scutosaurus *broutent les feuilles d'une fougère arborescente ou autre plante de la forêt houillère. Le petit* Elginia *(60 cm), reconnaissable à sa tête ornée de cornes et d'épines, explore la berge en quête de fougères herbacées.*

TORTUES ET PLACODONTES

CHÉLONIENS : TORTUES TERRESTRES
TORTUES AQUATIQUES

PLACODONTES

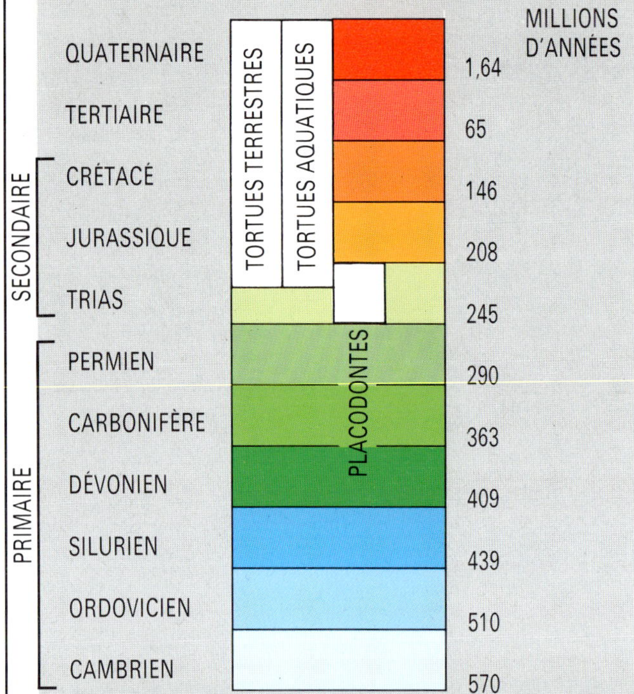

Certaines tortues peuvent atteindre de grandes tailles. *Testudo atlas* mesurait 2,50 m et pesait 4 tonnes. Dans ces conditions, on imagine ce que devaient peser les formes du Crétacé rapportées au genre *Archelon* qui mesuraient 3,50 m de long...

Des reptiles anapsides existent dans la nature actuelle : ce sont les tortues, réunies dans l'ordre des Chéloniens. Les Chéloniens sont des reptiles dont le tronc est gainé d'une enveloppe dermique osseuse. Cette armure est doublée vers l'extérieur d'un dallage de plaques cornées, identiques aux écailles d'autres reptiles, mais de taille plus grande, formant chez les tortues un bouclier dorsal épais et un plastron ventral plus mince. Les plus anciens chéloniens terrestres connus n'avaient pas la possibilité de dissimuler leurs pattes antérieures et leur tête sous la carapace. À partir de ces formes primitives se sont différenciées ce que nous appelons aujourd'hui les tortues terrestres (une seule famille), plutôt herbivores, et les tortues aquatiques (neuf familles), à tendance carnivore. Leurs mâchoires non dentées sont recouvertes d'un bec corné à bords tranchants.

Un autre groupe de reptiles – euryapsides semble-t-il plutôt qu'anapsides – retiendra ici notre attention : celui des Placodontes, entièrement fossile (Trias d'Europe centrale). C'étaient des formes semi-aquatiques, voisines des Sauroptérygiens, au corps plus ou moins engoncé dans une sorte de cuirasse. *Placodus*, dont le dos était parcouru par une rangée d'expansions dermiques osseuses, ressemblait à un énorme triton de 2 m de long. Ses pattes courtes et disposées à l'horizontale servaient de rame. Son museau relativement court présentait à l'avant des dents recourbées en forme de pelle qui devaient lui permettre de racler les mollusques sur le fond. Un autre placodonte, *Placochelys*, avait un corps plus ramassé, protégé par une carapace de plaques et de tubercules jointifs, et ses pattes étaient véritablement transformées en palettes natatoires. *Henodus* possédait une carapace carrée faite d'une jolie mosaïque de plaques dermiques. Son museau élargi ne présentait qu'une seule petite dent triturante et les bords édentés de ses maxillaires étaient tranchants comme chez les tortues. Cette configuration devait être efficace pour attraper les coquilles fixées sur les fonds rocheux.

◄ *La plus ancienne tortue connue,* Proganochelys, *date du Trias : elle mesurait 1 m. Petite à côté d'une autre forme découverte dans le Crétacé :* Archelon *mesurant 3,50 m.*

▼ *Des ossifications dermiques revêtaient de manière discontinue le corps allongé des placodontes tels que* Placodus. *Elles formaient au contraire un bouclier dorsal solide chez les chéloniens au corps plus ramassé tels que* Placochelys *et même un corset complet chez* Henodus.

PÉLYCOSAURES ET THÉRAPSIDES

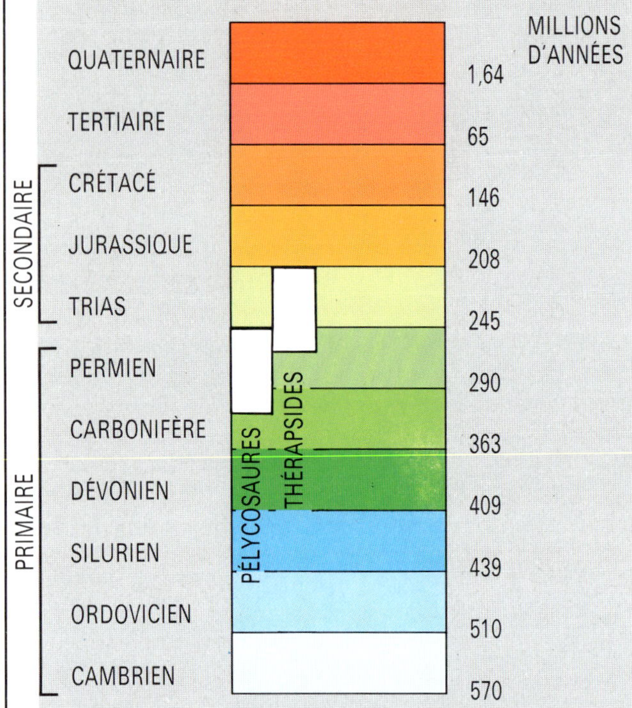

Les Pélycosaures sont à l'origine de reptiles plus évolués, les Thérapsides, dont les structures mammaliennes se sont accentuées avec le temps : élargissement de la fosse temporale, acquisition d'un palais secondaire, différenciation de la denture en incisives, en canines et en molaires, transformation progressive des membres en pattes porteuses comme chez les mammifères.

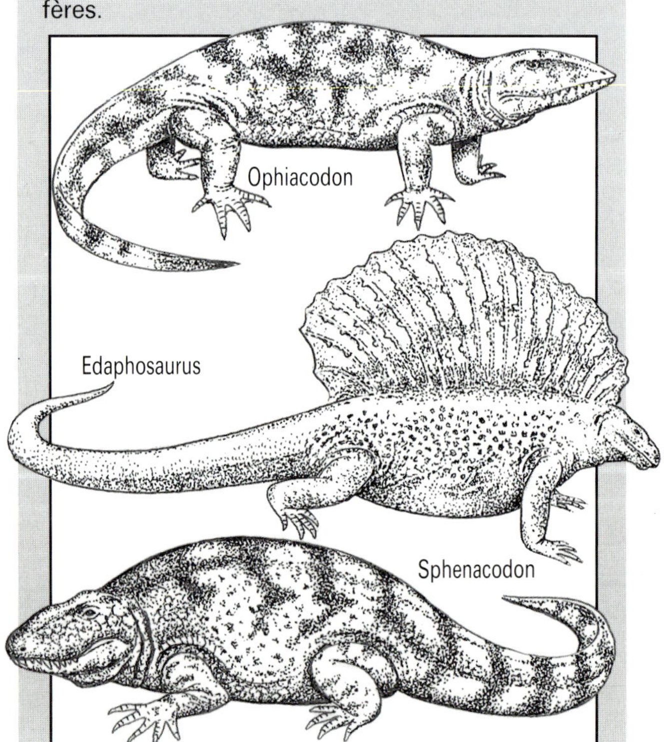

Revenons en arrière, très loin dans le temps, à la fin de l'ère Primaire. Une fois bien installés sur le continent, les reptiles virent se développer au Permien l'un de leurs groupes, promis à une brillante descendance. Ce sont les Pélycosaures (*pêlikos* = combien grand), aux caractères primitifs encore proches de ceux des Cotylosaures carbonifères. Certains possédaient une denture carnassière, d'autres étaient herbivores.

Du groupe des Pélycosaures permiens sont issus les Thérapsides (*therion* = animal sauvage). Avant de disparaître au Jurassique, le groupe a inauguré plusieurs lignées mammaliennes. C'est la raison pour laquelle on les désigne sous le nom de **reptiles mammaliens**.

Les Thérapsides étaient des tétrapodes terrestres à structure crânienne synapside, dont la denture présentait à l'avant des dents tranchantes comme nos incisives et à l'arrière des dents broyeuses comme nos molaires. En outre, ces animaux présentaient des membres porteurs (ce qui montre à quel point le terme de « reptile » est inadéquat).

Autre caractéristique de ces tétrapodes : leur métabolisme, c'est-à-dire la manière dont leur corps utilisait l'énergie apportée par l'alimentation. Chez certains animaux, la température du corps varie selon celle du milieu ambiant. Ce sont des animaux à sang froid ou *poïkilothermes* (*poikilos* = varié et *thermos* = chaud). À cette catégorie appartiennent les reptiles, qui, comme les amphibiens, sont ectothermes (*ektos* = à l'extérieur) : ils utilisent la chaleur solaire pour accroître leur température. De tels échanges thermiques se font par toute la surface du corps, et chez certaines formes encore mieux adaptées, par des voilures richement vascularisées. Mais d'autres animaux, tels les oiseaux et les mammifères, sont capables de maintenir la température de leur corps à un niveau constant (42 °C chez la poule, 37 °C chez l'homme). Ce sont des animaux à sang chaud, dits **homéothermes** (*homos* = semblable). De tels organismes ont un besoin accru de nourriture, qui leur apporte l'énergie, et une meilleure isolation thermique, pour lutter contre le refroidissement. Premier point : la présence d'un palais séparant les voies respiratoires et les voies digestives au niveau de la bouche permet à ces animaux de respirer et de manger en même temps. Second point : l'acquisition d'une peau épaisse (le cuir) et d'un revêtement de phanères (plumes ou poils). Or, pour revenir à nos ancêtres tétrapodes, différents détails constatés sur les os fossiles des reptiles mammaliens les plus évolués semblent indiquer que ces animaux ont évolué vers l'homéothermie.

◀ *Certains Pelycosaures possédaient une denture carnassière* (Ophiacodon, Sphenacodon). *D'autres étaient herbivores* (Edaphosaurus).

◀ *Le reptile* Massetognathus, *récolté dans le Trias moyen d'Amérique du Sud, aurait pu passer pour un mammifère. Il possédait un museau de rat, des pattes de chien, des moustaches et un pelage de fauve. Cependant, la structure de ses mâchoires et celle de ses os crâniens étaient bien celles d'un reptile.*

▼ *Dans ce paysage permien d'Afrique du Sud cohabitaient des reptiles à allure de mammifères comme* Dicynodon, *à museau corné doté de deux canines, et* Titanosuchus. Lycaenops, *qui devait chasser en bandes, appartient à une famille de carnivores, tout comme* Procynosuchus, *à allure de crocodile et mangeur de poissons.*

LES ICHTYOSAURES

Voici un groupe de reptiles euryapsides dont l'évolution marque une nette **tendance vers la morphologie et le mode de vie des poissons**, ce que traduit le nom d'ichtyosaure (*ikhthus* = poisson). C'étaient donc des reptiles remarquablement adaptés à la **vie pélagique**, que l'on compare volontiers aux requins, aux espadons ou aux dauphins : crâne allongé avec une seule fosse temporale, cavité orbitaire très grande, museau en forme de bec denté (les dents, généralement pointues, sont alignées dans des gouttières en bordure des mâchoires), côtes abdominales protégeant le ventre, palettes natatoires aux phalanges très développées (avec augmentation du nombre de doigts), nageoire dorsale molle sans soutien osseux, nageoire terminale

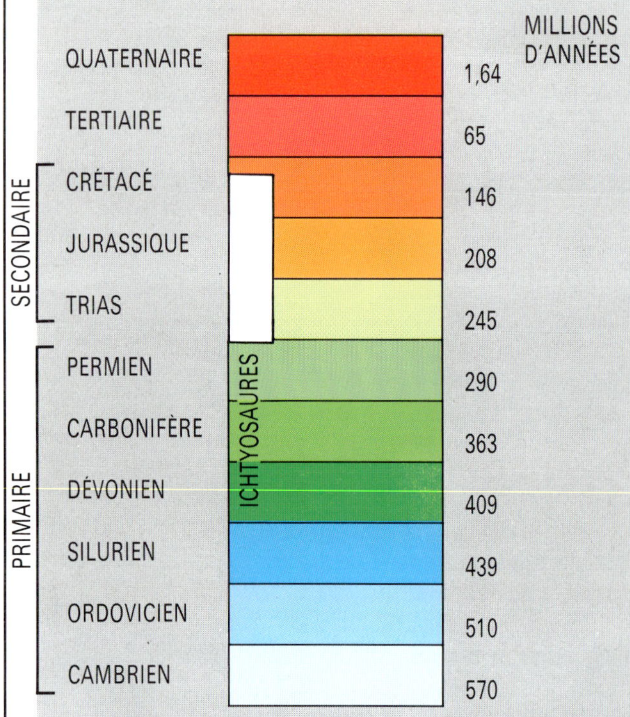

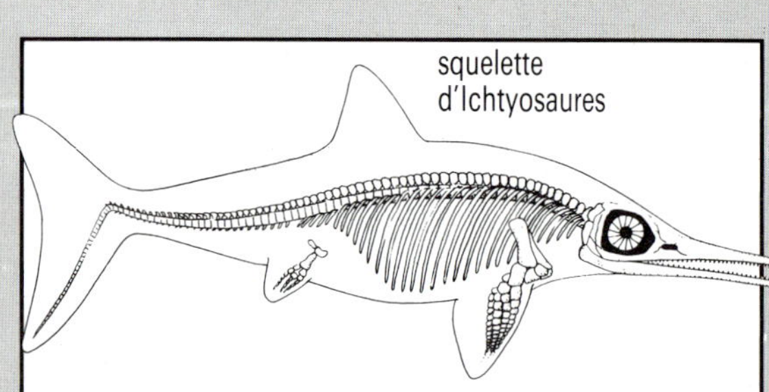

asymétrique avec colonne vertébrale prolongée dans le lobe ventral (forme hypocerque). Leur taille variait de 1 à 10 m selon les espèces. C'est là un remarquable exemple d'**évolution convergente** entre reptiles et mammifères cétacés. Toutefois, les ichtyosaures étaient poïkilothermes, alors que les cétacés sont homéothermes. Apparus au Trias inférieur, ils disparurent au Crétacé terminal. Pas plus que le mystère de leur origine, la cause de leur extinction n'a été élucidée.

Alors à leur apogée, les ichtyosaures du Jurassique peuplaient les mers des plates-formes continentales. De magnifiques exemplaires ont été récoltés en diverses régions d'Europe, principalement en Allemagne et en Angleterre. Leur état de conservation est tel que non seulement les **squelettes complets** ont été conservés, mais aussi des empreintes de leur peau dans les schistes, profilant la forme générale des corps, matérialisée par une fine pellicule charbonneuse. Les contours de la nageoire dorsale « en aileron de requin » et de la nageoire caudale « en croissant de lune » sont parfaitement visibles. De jeunes ichtyosaures sont parfois conservés dans le corps même d'individus adultes : on peut penser que les ichtyosaures étaient vivipares. On a pu penser que ces reptiles étaient des « cannibales » – des ichtyophages – capables de dévorer leur progéniture ! En fait, leur régime alimentaire était à base de poissons, de crustacés et de mollusques tels que bélemnites et ammonites.

◄ *Le corps de* Cymbospondylus, *découvert dans le Trias d'Amérique du Nord, ressemblait à celui d'une anguille, mais il ne possédait de nageoires ni sur le dos ni sur la queue. Les pattes avaient la forme de palettes natatoires. L'animal avançait probablement grâce à des mouvements d'ondulation.* Mixosaurus, *dont on a récolté de nombreux restes un peu partout dans le monde, possédait par contre des ébauches de nageoires dorsale et caudale.* Shonisaurus *devait impressionner par sa taille : un exemplaire de 15 m de long a été mis à jour dans le Trias supérieur d'Amérique du Nord. Parmi les formes du Jurassique,* Stenopterygius *(en bas à droite) et* Ophtalmosaurus, *reconnaissable à ses grands yeux, avaient une allure de dauphins.*

LES PLÉSIOSAURES

NOTHOSAURES

PLÉSIOSAURES (au sens restreint du terme)

et PLIOSAURES

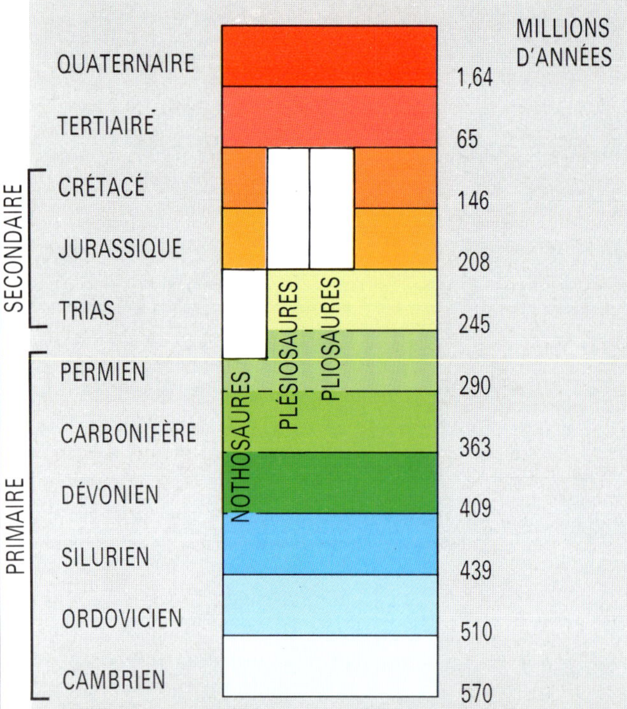

Les Nothosaures semblent représenter au Trias les formes les plus primitives des sauroptérygiens. C'étaient des reptiles du continent, et il est manifeste par exemple que *Claudiosaurus* n'était guère adapté à la vie aquatique. *Nothosaurus*, par contre, avec ses pattes palmées et sa queue aplatie latéralement, devait être à l'aise dans les rivières et sa denture acérée devait en faire un redoutable prédateur.

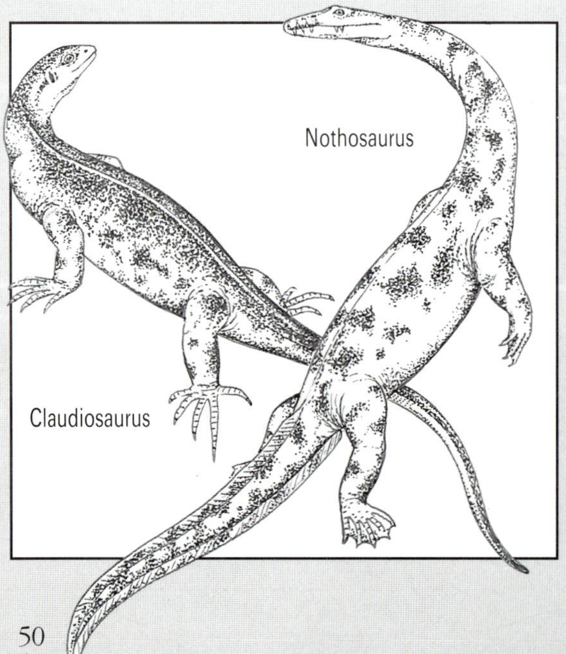

Autre groupe d'origine et d'affinités mystérieuses, celui des Sauroptérygiens ou Plésiosaures au sens large du terme (*plêsios* = proche) qui constituent un ordre, comme les Ichtyosaures dont ils sont contemporains. Dérivés de formes diapsides inconnues, ces reptiles euryapsides sont d'abord représentés au Trias par des formes vivant sur le continent, les Pachypleurosaures *(Pachypleurosaurus)* et les Nothosaures *(Nothosaurus)*. Ces derniers avaient un corps effilé de taille moyenne (guère plus de 4 m), avec un long cou et une longue queue. Dotés d'une denture de carnassiers, ils chassaient les poissons dans les rivières ou les lacs. Leurs pattes n'étaient pas transformées en palettes natatoires, mais, chez certaines formes (*Ceresiosaurus* par exemple), leur extrémité palmée pouvait comporter **des os en surnombre**, particularité qui sera généralisée plus tard chez les autres sauroptérygiens.

Au Jurassique et au Crétacé, ces formes terrestres sont relayées par des formes marines parfaitement adaptées à la vie aquatique, à corps massif à peau nue, membres courts aplatis en palettes natatoires et queue aplatie latéralement. Ce sont les Plésiosaures (au sens restreint du terme) à petite tête au bout d'un long cou de 75 vertèbres et les Pliosaures à cou court et tête allongée.

Le naturaliste William Buckland compara les plésiosaures à des serpents qui auraient été moulés dans une carapace de tortue. Carapace mise à part, il faut bien admettre certaines ressemblances dans la forme des pattes, du cou, du museau. Les pattes devaient être de très efficaces membres locomoteurs et permettre à ces reptiles marins de fondre sur leurs proies, poissons ou céphalopodes, et de les capturer aisément grâce à la mobilité et à l'abattage de leur long cou. Habiles dans l'eau, les plésiosaures devaient par contre être des plus maladroits sur terre, aventure qu'ils étaient obligés d'accomplir au moment de la ponte, comme le font nos tortues modernes.

Les pliosaures quant à eux ressemblaient plutôt à des baleines. Leurs pattes, toujours comparables à celles des tortues, et leur gueule armée de dents acérées en faisaient d'actifs prédateurs redoutés non seulement des mollusques et des poissons, mais aussi probablement d'autres reptiles. Le plus grand d'entre eux est un *Kronosaurus* du Crétacé inférieur d'Australie : il mesurait 13 m de long, dont 2,7 m pour la tête.

▼ *Au sous-ordre des Plésiosaures, à tête courte et long cou, appartiennent* Cryptoclidus *et* Muraenosaurus, *ce dernier doté d'une tête minuscule en comparaison avec le reste du corps. Dans le sous-ordre des Pliosaures, à cou court et longue tête, sont placés* Peloneustes, *qui ressemble à un dauphin (en bas à droite), et* Liopleurodon, *plus proche d'allure des volumineuses baleines.*

ÉOSUCHIENS ET RHYNCHOCÉPHALES

ÉOSUCHIENS

RHYNCHOCÉPHALES

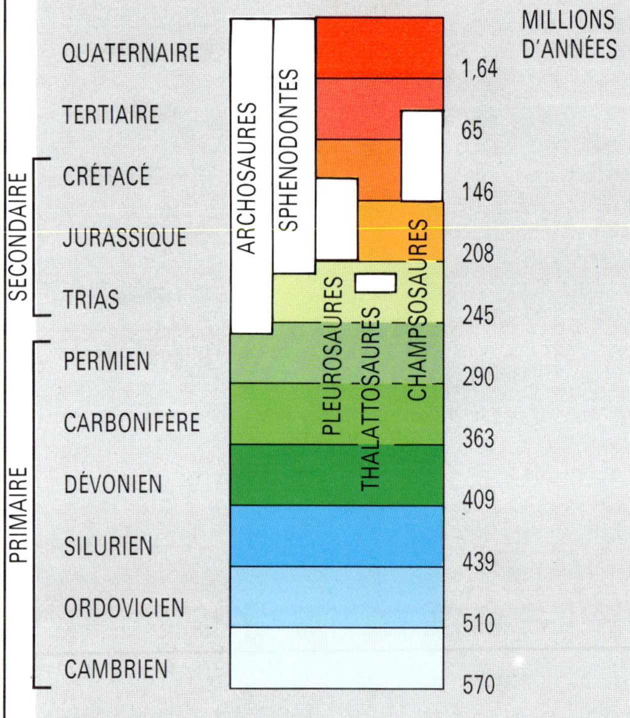

Les Éosuchiens, tels *Youngina* trouvé dans le Permien d'Afrique du Sud, ou encore *Araeoscelis,* avaient une allure de petits lézards à crâne triangulaire diapside, pourvu de deux grands yeux latéraux et d'un gros orifice pinéal (le « troisième œil »). C'est à partir de ces petites formes insectivores que se sont différenciées des formes adaptées au vol plané comme *Coelurosauravus* et des formes nageuses comme *Hovasaurus,* tandis que persistaient des formes types comme *Thadeosaurus.* Du groupe souche des Éosuchiens dérivent plusieurs lignées, dont celle des Rhynchocéphales.

Les **reptiles diapsides** sont caractérisés par la présence de **deux fosses temporales** sur la boîte crânienne. C'est au Permien que sont apparues les premières formes dotées d'une telle structure : les Éosuchiens. C'étaient des animaux de petite taille dont sont dérivées au cours du Trias les grandes lignées de ce qui constitue l'essentiel des reptiles : Rhynchocéphales, Lézards et Serpents (formant l'**ensemble des Lépidosaures**), et par l'intermédiaire du groupe primitif des Thécodontes : Crocodiles, Ptérosaures et Dinosaures (formant l'**ensemble des Archosaures**).

Sphenodon qui survit sur quelques îles proches de la Nouvelle-Zélande – est l'unique représentant actuel des Rhynchocéphales. C'est un reptile diapside à allure de lézard, possédant un œil pinéal fonctionnel, un palais de structure archaïque et des vertèbres amphicoeles (biconcaves). Quoique peu florissant, sauf lors de son apparition au Trias, ce groupe s'est difficilement maintenu. Les dents, sur le palais, ont eu tendance à disparaître, et le bord des mâchoires est devenu corné et tranchant. C'est par l'intermédiaire d'un genre tel qu'*Homeosaurus* qu'une lignée du Jurassique a conduit à la famille du sphénodon. Cette lignée a débuté il y a 200 millions d'années avec le genre *Planocephalosaurus.* Voisine de celle du sphénodon, la famille des *Pleurosaurus* a de son côté révélé des caractères adaptatifs liés au retour à la vie aquatique.

Pourtant, dès le début du Secondaire, étaient apparus de nombreux groupes de Rhynchocéphales. En Afrique et en Amérique du Sud notamment, la lignée des Rhynchosaures avait engendré au Trias des formes exclusivement terrestres et végétariennes, pouvant atteindre plusieurs mètres *(Scaphonyx).* Vue d'en haut, leur tête avait la forme d'un triangle isocèle à très longue base. Le museau, très développé, était édenté et fortement crochu. Bien plus tard, (Crétacé supérieur et Éocène d'Amérique du Nord), descendant peut-être des précédents, ont prospéré les Champsosaures (*khampsai* = crocodile). C'étaient

des reptiles dont le crâne à museau allongé leur donnait un aspect crocodilien (sans pour autant avoir la moindre relation de parenté avec les crocodiles).

▼ Araeoscelis *(en bas à gauche),* Thadeosaurus *(en haut à droite) : deux éosuchiens à allure « classique » de lézard.* Coelurosauravus, *forme malgache volant à la manière des dragons actuels. Les larges « ailes » déployées ne sont que de simples membranes cutanées soutenues par des côtes.* Hovasaurus, *du Permien de Madagascar : long seulement de 50 cm, dont les deux tiers pour la queue. Mais quelle queue, épaisse et solide, intérieurement renforcée par des expansions vertébrales épineuses.*

▶ *Trois formes aquatiques diapsides :* Askeptosaurus, *reptile piscivore à long museau, corps fusiforme et queue rubannée ;* Pleurosaurus, *forme jurassique ressemblant à une anguille mais dotée de petites pattes ;* Champsosaurus, *à allure de crocodile, doté de dents semblables à celles de dinosaures et dont on a retrouvé des restes dans des terrains tertiaires vieux seulement de 50 millions d'années.*

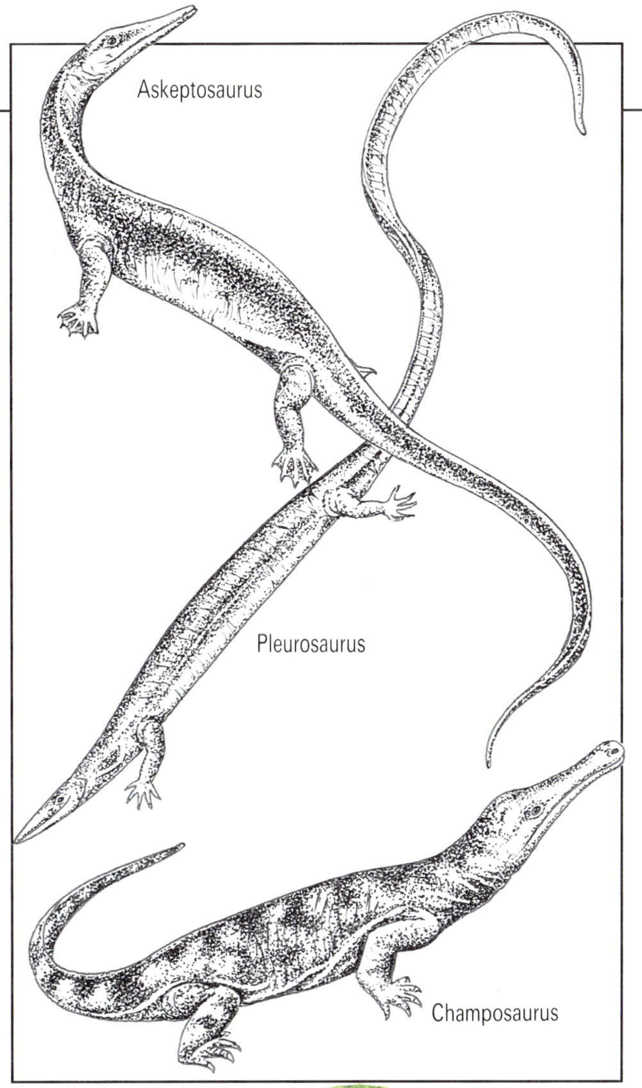

LES SQUAMATES

LACERTILIENS (Lézards)

OPHIDIENS (Serpents)

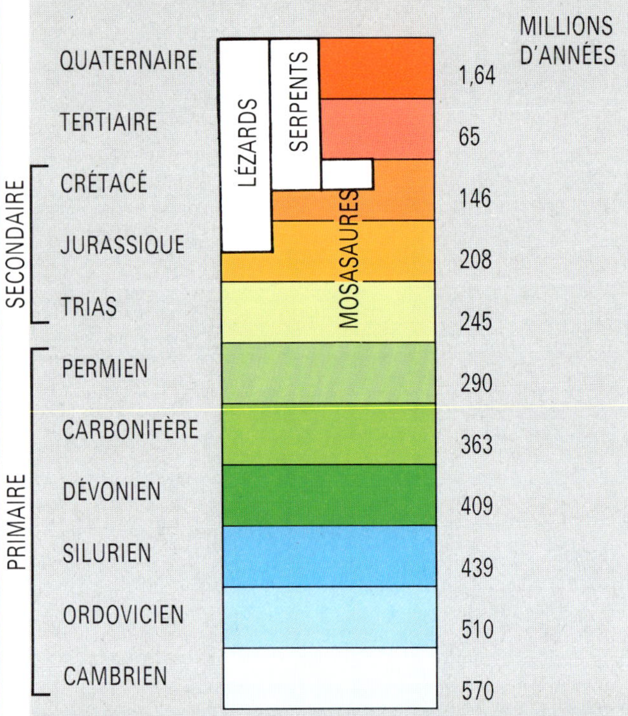

L'histoire triasique des reptiles diapsides (Éosuchiens et Thécodontes réunis, un ensemble aussi hétérogène que cosmopolite) révèle trois formes étranges trouvées dans les schistes bitumeux d'Italie. *Askeptosaurus* (p. 53), probablement aquatique (d'après la position des narines externes et l'aplatissement de la queue) ; *Tanystropheus*, dont le cou était aussi grand que le reste du corps (p. 56) ; *Macrocnemus*, au port d'oiseau. Seul *Procerta* (Trias inférieur) ressemblait déjà à un vrai petit lézard.

L'ordre des Squamates, reptiles au **corps couvert d'écailles** (*squama* = écaille), comporte deux sous-ordres : les Lacertiliens (*lacertus* = lézard), 3 300 espèces actuelles, et les Ophidiens (*ophis* = serpent), 2 300 espèces actuelles. Ils puisent leur origine dans un groupe de reptiles permiens, les Éosuchiens, il y a donc plus de 250 M.A. Ce n'est qu'à la charnière Jurassique-Crétacé qu'ils ont acquis et bien établi leurs caractères modernes. Jusque-là les squamates avaient eu des **allures très diverses**, le genre *Prolacerta* ayant seul annoncé sans ambiguïté, dès le Trias inférieur, sa qualité de lézard.

Apparus au Jurassique supérieur, les lézards de type moderne ressemblent aux iguanes et aux geckos actuels. *Megalania*, le plus grand d'entre eux découvert dans le Pliocène d'Australie, avait 8 m de long et a disparu il y a seulement 2 millions d'années. Mais de loin, ce sont les Mosasaures qui constituent le groupe le plus spectaculaire.

Le premier reptile fossile qui fut correctement interprété comme tel est une forme aquatique baptisée *Mosasaurus* (*Mosa* = Meuse, fleuve sur les bords duquel le premier spécimen fut découvert). Animaux au corps très allongé (jusqu'à 10 m), avec un tronc aussi long que la queue, des membres courts transformés en nageoires, une queue puissante elle-même aplatie ou terminée en nageoire, ils possédaient une denture de prédateurs, ce qui en faisait de sérieux concurrents pour les ichtyosaures de l'époque, consommateurs comme eux de poissons et de mollusques. On suppose que les mosasaures allaient se reproduire en eau douce ou à terre. Du genre *Opetiosaurus*, d'âge Crétacé moyen, descendent des formes telles que *Tylosaurus*, *Plotosaurus* et *Globidens*.

Parallèlement aux Lacertiliens, les Ophidiens ont également émergé sous leur forme moderne au Crétacé supérieur. Les plus primitifs d'entre eux remontent au début du Crétacé, avec des formes telles que *Pachyrachis*, qui possédait le corps d'un serpent mais une tête de lézard. Le record de taille (environ 20 m de long) est détenu par une espèce de l'Éocène appartenant au genre *Gigantophis*.

◄ *Un spectaculaire groupe marin du Crétacé supérieur, proche des varans actuels, les Mosasaures. Tête allongée, légèrement construite, dents parfois implantées dans des alvéoles, cou et membres raccourcis, queue aplatie latéralement. Ici, trois genres nord-américains :* Plotosaurus *(10 m),* Platecarpus *(4,30 m),* Tylosaurus *(8 m).*

◀ *Deux reptiles diapsides primitifs.* Protorosaurus, *grande forme terrestre (2 m) : long cou, longue queue et fortes pattes griffues.* Kuehneosaurus, *forme adaptée au vol : les vertèbres du tronc avaient des apophyses transverses très étendues au bout desquelles étaient fixées des côtes sous-tendant une membrane.*

THÉCODONTES ET RHYNCHOSAURES

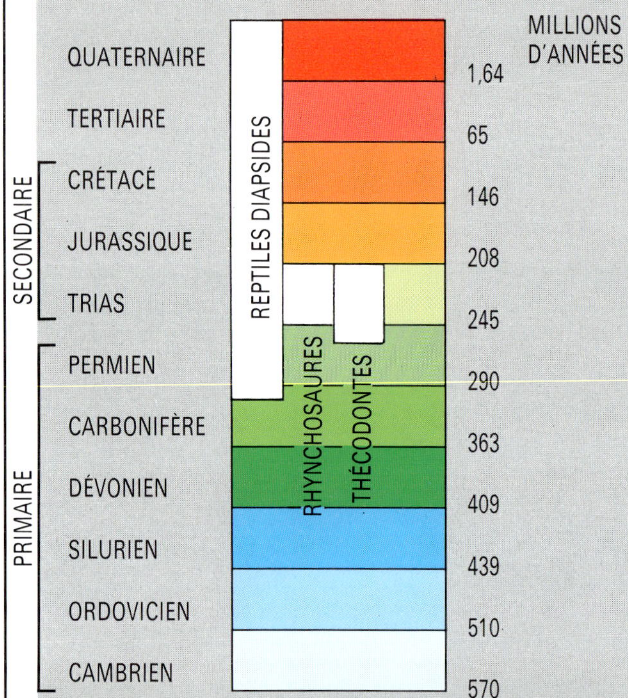

En dépit de la diversité des formes revêtues par les reptiles permo-triasiques rapportés au groupe des Thécodontes, la présence d'une fosse préorbitaire, le type d'implantation des dents et les similitudes observées dans certains os (ceux des pattes notamment) montrent d'évidentes relations phylogéniques au sein d'un vaste ensemble archosaurien.

Autre groupe souche du Permo-Trias, celui des Thécodontes (*thêkê* = boîte et *odous* = dent), reptiles diapsides, caractérisé par un certain type d'implantation dentaire (chaque dent possédant son alvéole d'implantation dans la mâchoire). Ce groupe se diversifia avec des formes carnivores de petite taille (*Lagosuchus*) et de grande taille (*Ornithosuchus*).

Tanystropheus, du Trias moyen d'Europe, était un animal vraiment étrange. Était-il un éosuchien ou un thécodonte ? Long de 1 à 6 m, il présentait un allongement extrême de ses douze vertèbres cervicales. Le tronc raccourci se prolongeait par une queue puissante. Son crâne était lui-même curieux, avec un palais mobile et des fosses temporales inférieures ouvertes. Non adapté à la vie aquatique, il semble qu'il ait vécu au bord de l'eau : son long cou était une sorte de gaule flexible bien adaptée à la pêche côtière !

D'une manière générale, les thécodontes avaient plutôt l'**allure de crocodiles** et vivaient généralement en eau douce. À la fin du Trias, certaines formes de grande taille, comme *Erythrosuchus*, se mêlèrent à d'autres reptiles terrestres chasseurs. Ils abandonnèrent le port rampant de leurs ancêtres au profit d'un port plus affermi sur quatre pattes porteuses, comme leurs rivaux mammaliens thérapsides. Cette modification en fit des concurrents redoutables, et ceux des thécodontes qui n'adoptèrent pas cette voie durent se caparaçonner, tel le genre *Desmatosuchus*.

En milieu aquatique, le groupe développa des **formes dotées de pattes postérieures plus puissantes**, utilisées pour la nage, et d'une queue en forme de pagaie, comme chez *Chasmatosaurus*. Leurs descendants terrestres accentuèrent le sens de ces modifications, se dressant sur leurs pattes postérieures et utilisant leur queue comme un balancier, préfigurant ainsi la morphologie et le comportement des futurs dinosaures. Un pseudosuchien comme *Euparkeria* (60 cm), du Trias inférieur d'Afrique du Sud, se révèle avoir été un représentant typique de ce groupe relais, capable aussi bien de courir sur ses quatre pattes que de se dresser et de se déplacer sur ses seules pattes postérieures.

◀ *Deux archosauriens primitifs.* Tanystropheus *(jusqu'à 6 m), dont le cou est démesurément allongé, vivait sur les berges des rivières ou des lacs.* Hyperodapedon *(1,30 m), rhynchosaure bien reconnaissable à son bec crochu, se nourrissait de végétaux et peut-être de charognes.*

◀ *Trois thécodontes.* Rutiodon *(3 m), à allure de crocodile.* Shanisuchus *et* Erythrosuchus *(ce dernier, 4,50 m, à très grosse tête), au corps plus ramassé – moins crocodilien, plus dinosaurien – puissants carnassiers du Trias inférieur.*

▼ *Paysage désertique de la Pangée, au Trias. Des thécodontes cuirassés comme* Stagonolepis *(2 m) et* Desmatosuchus *(5 m, armé de deux épines en forme de défenses) doivent se défendre contre les attaques de redoutables bipèdes carnassiers tels qu'*Ornithosuchus *(4 m), véritable dinosaure en puissance.*

LES CROCODILIENS

CROCODILES
ALLIGATORS ET CAÏMANS

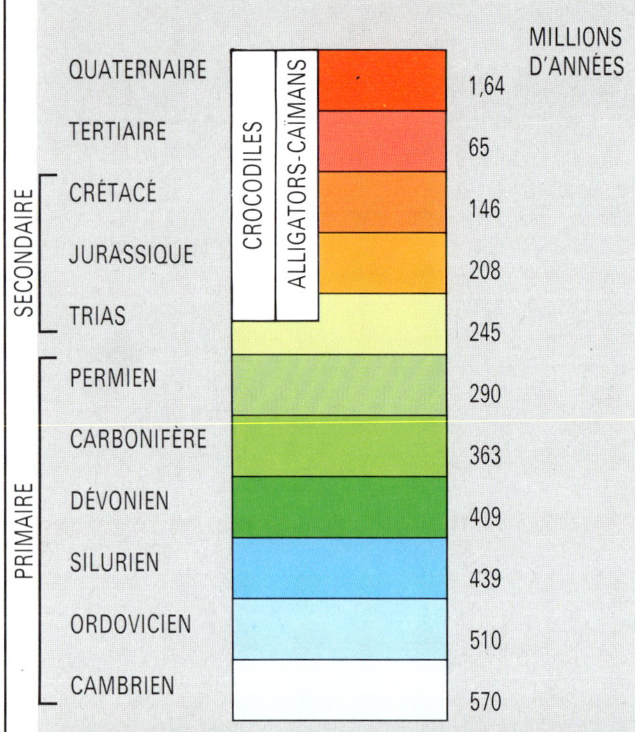

Parmi les premiers crocodiles terrestres du Tertiaire, se place une curieuse forme d'Amérique du Nord, *Pristichampsus*. De longues pattes adaptées à la course se terminaient non par des griffes mais par des sabots. Et ses dents ressemblaient tant à des dents de dinosaures carnivores que l'on crut un instant que des représentants de ce groupe avaient échappé à l'extinction catastrophique de la fin du Crétacé.

L'ordre des Crocodiliens regroupe des reptiles diapsides à palais secondaire très étendu et dents implantées dans des alvéoles. Ses représentants actuels sont répartis dans trois familles : les crocodiles au sens strict du terme (à museau triangulaire), les alligators et caïmans (à museau plus large), et les gavials (à museau étroit). Les formes fossiles de crocodiles, au sens large du terme, remontent au Jurassique inférieur, avec les Protosuchiens.

Les crocodiles du Trias ressemblaient fort à des thécodontes, ainsi *Terrestrisuchus*, petite forme terrestre particulièrement véloce. Dans les mers jurassiques ont proliféré des formes élancées de plus grande taille telles que *Teleosaurus* et *Steneosaurus* (3 m) et d'autres formes encore plus spécialisées, comme *Geosaurus* et *Metriorhynchus*, aux membres transformés en palettes natatoires comme chez les plésiosaures, et à la queue effilée bifide comme chez les ichtyosaures. Ayant perdu leur armure, ces animaux devaient avoir la peau douce comme les dauphins.

La régression des mers à la fin du Jurassique, en dotant le domaine continental de grandes plaines alluviales, a favorisé l'**expansion des crocodiles en milieu terrestre et d'eau douce**. Apparaissent subitement de petits carnivores terrestres comme *Bernissartia* (40 à 60 cm), récolté en Angleterre et en Belgique. Puis dans le Crétacé inférieur de Gondwana, des restes de formes géantes comme *Sarcosuchus* (crâne de 1,80 m pour un corps de 11 m), et dans le Crétacé supérieur d'Amérique du Nord, *Deinosuchus*, qui devait approcher les 15 m et aurait pu se nourrir de... dinosaures, alors sur leur déclin !

Les crocodiles modernes (Eusuchiens) sont apparus en Laurasie à la fin du Crétacé. Abondants au Miocène, ils ont régressé dans l'hémisphère Nord lors des refroidissements. Ils se diversifièrent par contre en Afrique et en Amérique où ils donnèrent naissance, au début du Quaternaire, à des formes géantes. Sur les terres du sud, des mésosuchiens tardifs donnèrent quelques formes de grande taille (jusqu'à 9 m). Puis apparurent des formes nouvelles à museau étroit qui subsistèrent jusqu'au début du Quaternaire.

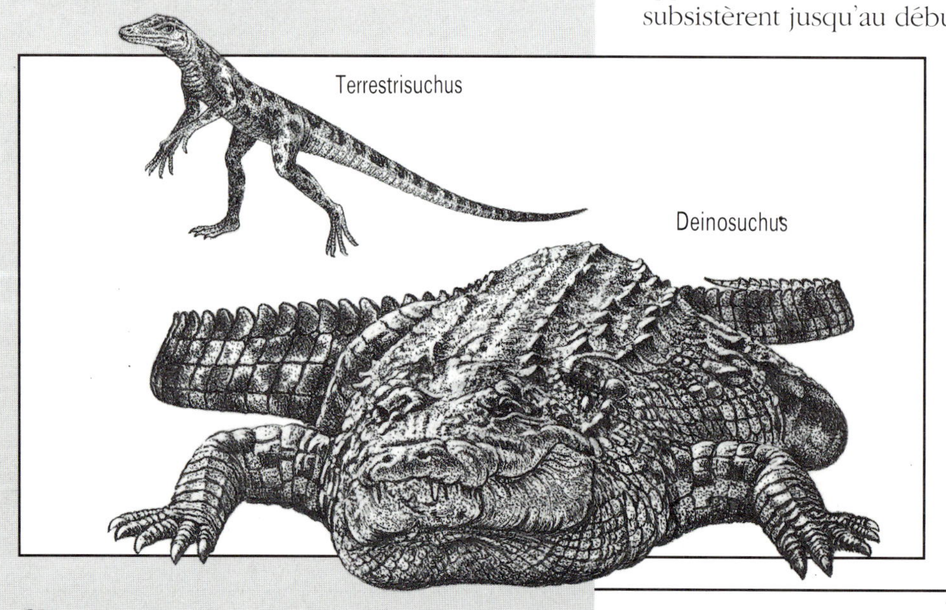

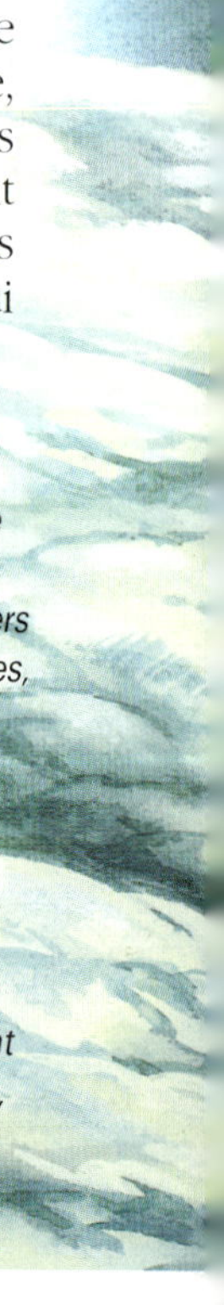

▶ *Les crocodiles marins du Jurassique ont comporté des formes piscivores à museau de gavials comme* Teleosaurus *(jusqu'à 4 m), habitants de mers épicontinentales peu profondes, et des formes à museau plus typiquement crocodilien comme* Geosaurus *(2 m) ou* Metriorhynchus *(3 m), habitants de mers plus profondes.*

◀ *Les crocodiles fossiles ont livré des formes de taille variée, du minuscule* Terrestrisuchus *triasique (50 cm) au géant crétacé* Deinosuchus *(15 m).*

LES PTÉROSAURES

RHAMPHORHYNQUES

PTÉRODACTYLES

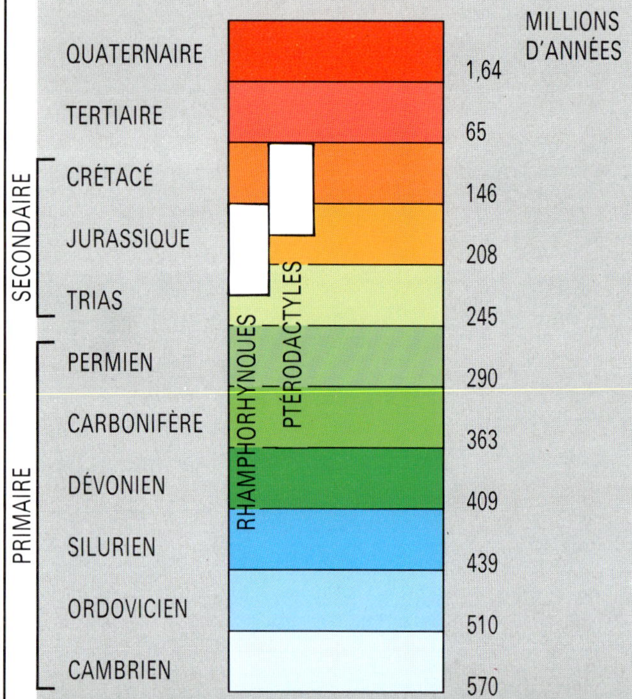

Les ptérosaures ont eu des régimes alimentaires variés. *Dimorphodon* (Lias inférieur), écumeur des rivages, était piscivore : ses mandibules portaient des dents de deux sortes, grandes en avant, petites en arrière ; il possédait un jabot et se constituait des réserves, comme le font de nos jours les pélicans. *Pterodaustro* (Crétacé) était limivore et planctonivore : son long bec en forme de spatule était doté de fanons. *Dimorphodon* et *Batrachognathus* (à tête de crapaud) étaient insectivores.

Dans l'histoire du règne animal, trois groupes très différents de vertébrés ont conquis le milieu aérien : les Ptérosaures, les Oiseaux et les Chiroptères (chauve-souris). Or, pour chacun de ces groupes, il a fallu résoudre un certain nombre de contraintes, dont celle de la **gravité**.

Les Ptérosaures (*pteron* = aile), reptiles diapsides, sont apparus au Trias avec des formes de la taille d'un moineau et se sont éteints au Crétacé supérieur avec des formes d'envergure supérieure à 10 m. Les deux sous-ordres qui y sont distingués correspondent à la succession de **deux types morphologiques** : des formes primitives dentées pourvues d'une longue queue *(Rhamphorhynchus)* et des formes évoluées à bec corné en général édenté et queue de la taille d'un croupion *(Pteranodon)*.

Le premier signe connu d'adaptation au vol semble donné par une petite forme thécodonte du Trias, *Sharovipteryx*, qui possédait un **patagium** (*patagium* = bande, frange), membrane tendue entre les longues pattes et la queue. Le premier ptérosaure véritable est un *Eudimorphodon* du Trias d'Italie : corps petit et ramassé, portant une grande tête (le cerveau et les yeux étaient très développés) au bout d'un long cou flexible, et terminé par une longue queue. Le patagium était attaché à la fois aux membres antérieurs, au tronc et probablement aux membres postérieurs. Ces créatures, dont le corps était probablement couvert d'une sorte de pelage, étaient peut-être capables de régulation thermique.

Les ptérosaures plus évolués sont souvent appelés ptérodactyles (*daktulos* = doigt), allusion au grand développement du premier doigt, formé de quatre phalanges très longues, soutenant le patagium. Ce type d'aile permettait le vol battu pour les espèces de petite taille et le vol plané pour les formes plus grandes. Les pattes étaient fortement griffues et l'on pense que ces animaux se reposaient, comme les chauves-souris, la tête en bas. On ne voit d'ailleurs pas comment ils auraient pu prendre leur envol à partir du sol.

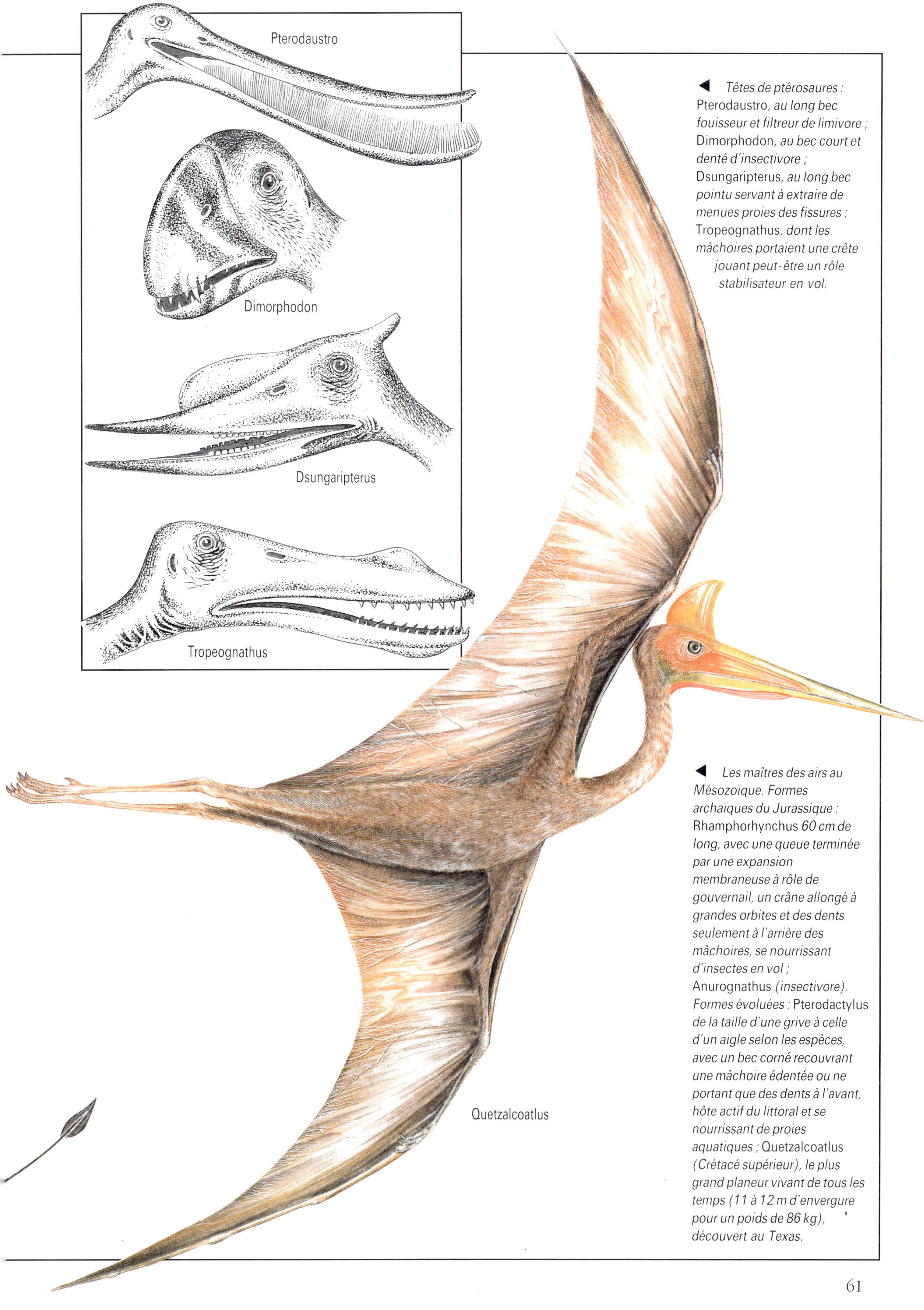

◀ *Têtes de ptérosaures :* Pterodaustro, *au long bec fouisseur et filtreur de limivore ;* Dimorphodon, *au bec court et denté d'insectivore ;* Dsungaripterus, *au long bec pointu servant à extraire de menues proies des fissures ;* Tropeognathus, *dont les mâchoires portaient une crête jouant peut-être un rôle stabilisateur en vol.*

◀ *Les maîtres des airs au Mésozoïque. Formes archaïques du Jurassique :* Rhamphorhynchus *60 cm de long, avec une queue terminée par une expansion membraneuse à rôle de gouvernail, un crâne allongé à grandes orbites et des dents seulement à l'arrière des mâchoires, se nourrissant d'insectes en vol ;* Anurognathus *(insectivore). Formes évoluées :* Pterodactylus *de la taille d'une grive à celle d'un aigle selon les espèces, avec un bec corné recouvrant une mâchoire édentée ou ne portant que des dents à l'avant, hôte actif du littoral et se nourrissant de proies aquatiques ;* Quetzalcoatlus *(Crétacé supérieur), le plus grand planeur vivant de tous les temps (11 à 12 m d'envergure pour un poids de 86 kg), découvert au Texas.*

LES THÉROPODES

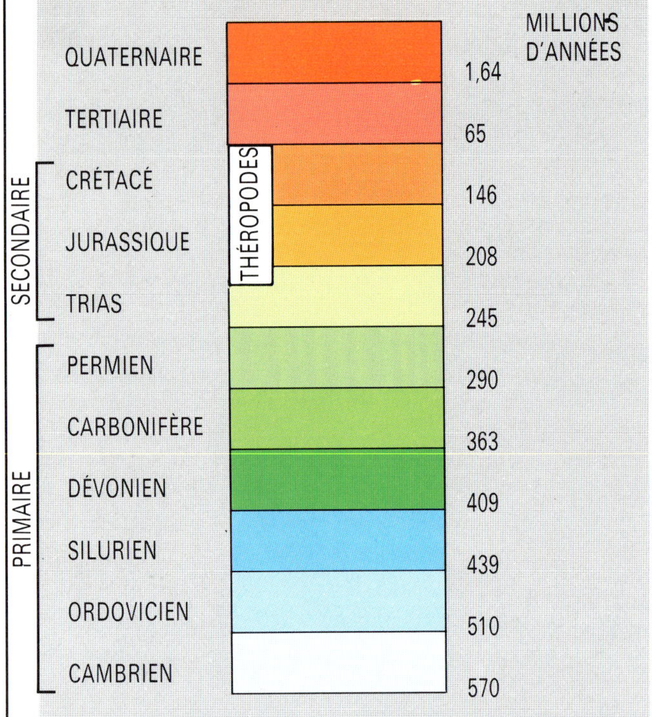

Les Théropodes (*thêr* = animal sauvage) avaient des membres antérieurs faibles mais pourvus de fortes griffes et des membres postérieurs adaptés à la course bipède. Deux tendances évolutives les ont conduits vers des formes petites et agiles pourvues d'un bec (Coelurosaures) ou des formes massives et gigantesques de carnassiers redoutables (Carnosaures).

Le terme de « dinosaure » (*deinos* = terrible, *saura* = lézard) a disparu de la classification et ne doit plus être employé (idem pour reptile) que comme un **nom commun**. Les dinosaures sont en fait un ensemble de **deux ordres d'archosauriens** ovipares (nombreux œufs fossiles récoltés), probablement homéothermes, mais très différents : les Saurischiens et les Ornithischiens, qui se distinguent par la structure de leurs bassins, de leurs crânes et de leurs membres.

Les Saurischiens – ou Sauripelviens – (*iskhion* = hanches, *pelvis* = bassin) sont des reptiles fossiles à **bassin de type reptilien**, triradié (formé de trois os : ilion + ischion + pubis). Leurs dents s'étendent sur la bordure antérieure des mâchoires. La plupart

▼ *En bas dans le cadre, deux théropodes bipèdes du Crétacé.* Baryonyx, *forme piscivore du Crétacé inférieur d'Europe : 6 m de long, une tête de crocodile et un ergot à l'un des doigts de la patte antérieure.* Spinosaurus, *genre du Crétacé supérieur d'Afrique du Nord : 12 m de long, avec une carène dorsale de 1,80 m soutenue par des prolongements épineux de la colonne vertébrale.*

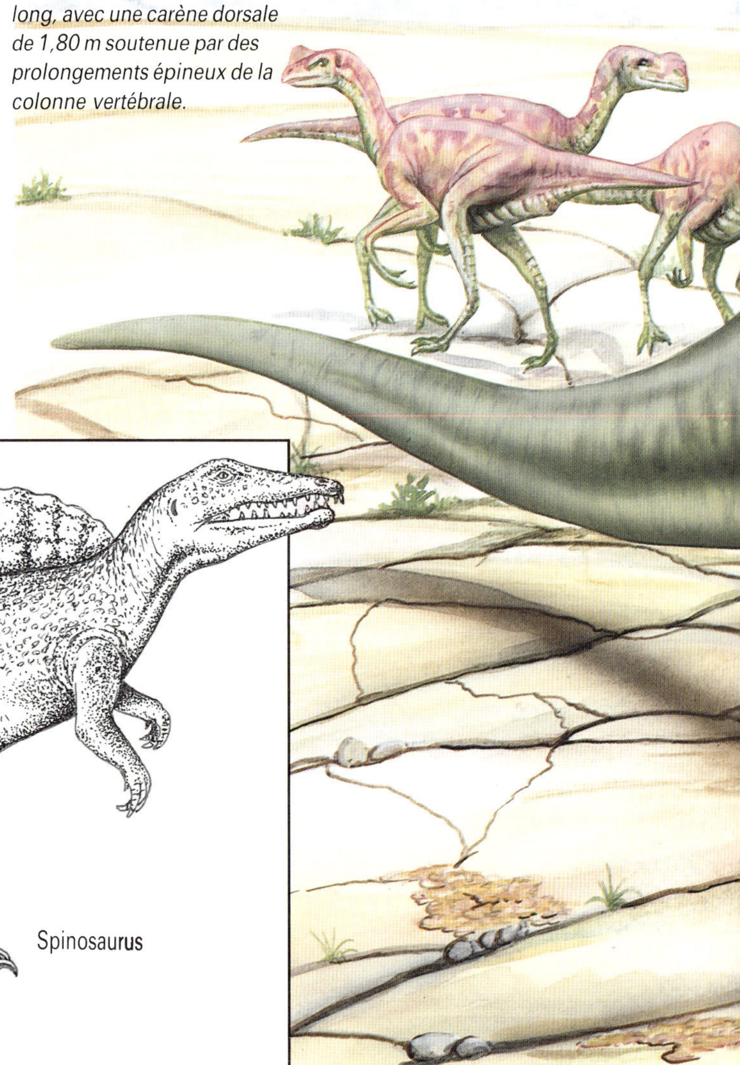

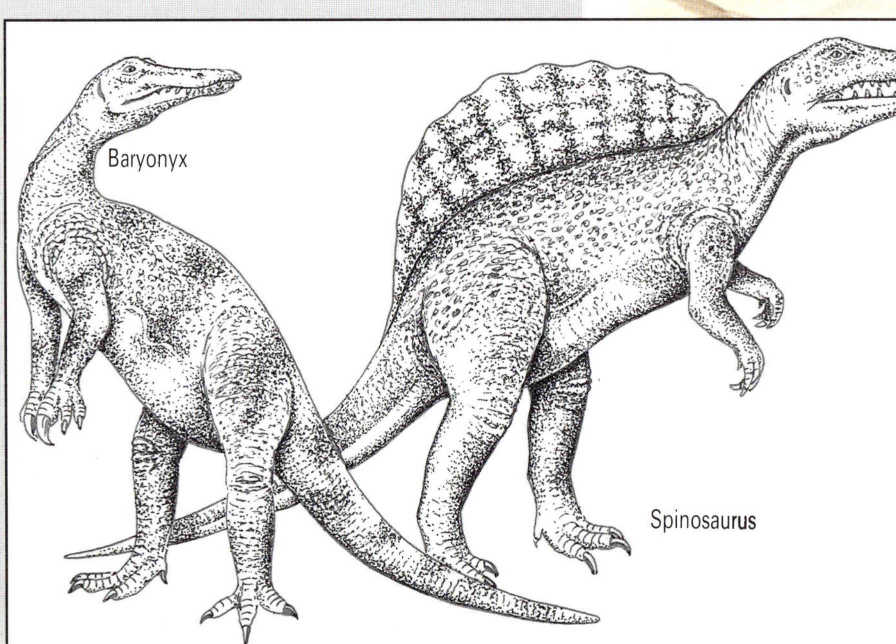

des carnivores sont bipèdes avec des pattes postérieures de type avien, tandis que les herbivores sont quadrupèdes avec des pieds massifs armés de griffes.

Dérivés de thécodontes, les Saurischiens sont apparus vers la charnière Trias-Jurassique et sont répartis dans deux sous-ordres : les Théropodes, grands carnassiers restés bipèdes, et les Sauropodes, herbivores quadrupèdes, terrestres ou amphibies.

Dans le groupe des Théropodes, *Saltopus* (30 cm) et *Coelophysis* (3 m, long cou, longue queue) sont des formes triasiques encore proches des thécodontes. De la taille d'un poulet à celle d'un petit crocodile, c'étaient d'actifs chasseurs. Au Jurassique, à côté de petites formes agiles comme *Compsognathus* (75 cm, 3 kg), on trouve des monstres comme *Allosaurus* (12,80 m de long, 4,90 m de haut, 1 à 2 t). Et au Crétacé, à côté d'inoffensives formes légères à allure d'oiseau, des prédateurs redoutables en dépit de leur petite taille, armés de griffes meurtrières (*Deinonychus*, 3 à 4 m de long pour 1,50 m de haut, avec un ergot en forme de faucille sur les pieds et des mains aptes à saisir des objets, dont on a découvert des squelettes agrippés à des restes de *Tenontosaurus*, malheureuse victime herbivore). Comme on a retrouvé les restes d'un *Velociraptor* (1,80 m), théropode d'Asie centrale qui se nourrissait de dinosaures cornus du genre *Protoceratops* (2,50 m). Ou encore *Saurornithoides* et *Stenonychosaurus*, de la taille d'un émeu, avec un cerveau bien développé et de grands yeux.

▼ *Un gigantesque* Tyrannosaurus *(12 m de long), aux membres antérieurs ridiculement petits mais aux puissantes pattes postérieures et à l'impressionnante denture de carnivore, n'est certainement pas un voisin apprécié pour les graciles* Ornithomimus *(à crête nasale) et* Chirostenotes *(de la taille d'une dinde).*

LES SAUROPODES

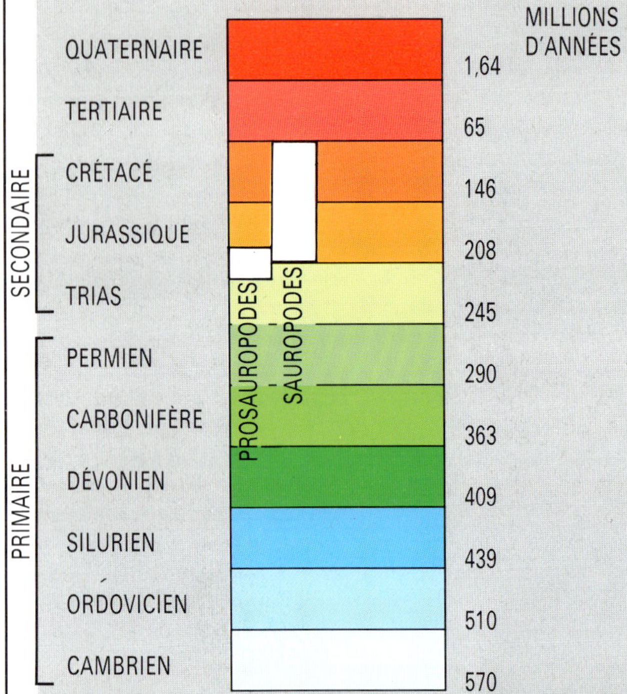

Les Sauropodes ont été annoncés dès le Trias par les Prosauropodes, groupe renfermant quelques formes bipèdes et de plus nombreuses formes quadrupèdes comme le seront leurs descendants jurassiques et crétacés. Ces reptiles étaient caractérisés par une petite tête portée par un cou très long, un corps extrêmement massif soutenu par une lourde charpente osseuse, des pattes antérieures plus courtes que les postérieures et armées d'une griffe à chaque pouce, enfin une queue très longue. C'est à ce groupe qu'appartient le plus petit dinosaure connu, *Mussaurus*, dont le jeune mesurait 20 cm et l'adulte 3 m. Les Sauropodes atteindront au contraire des tailles et des poids considérables : record détenu par une espèce d'*Ultrasaurus*, du Jurassique supérieur du Colorado, avec plus de 30 m et quelque 75 ou 80 t.

Les Sauropodes, autre sous-ordre des Saurischiens, possédaient un corps massif, un long cou portant **une tête étonnamment petite**, et généralement une grande queue. Ils sont quadrupèdes, posture en relation avec leur régime végétarien. La digestion de plantes nécessite un intestin beaucoup plus long que celui des carnivores, raison pour laquelle les herbivores ont une taille plus imposante. Dans le cas des saurischiens, la forme de la hanche montre que la masse intestinale était portée en avant du bassin, ce qui ne permettait pas une position dressée sur les pattes arrière.

Le plus vieux sauropode connu, *Barapasaurus*, du Jurassique inférieur de l'Inde, en est un représentant typique. Sa colonne vertébrale était suffisamment solide pour supporter le poids de l'animal. Cependant, certaines vertèbres du cou et du dos étaient évidées, allégeant d'autant la masse de l'ensemble.

Les sauropodes ont évolué selon deux directions. L'une d'elles a pour exemple type au Jurassique supérieur le genre *Brachiosaurus* : 23 m de long, dont une grande partie pour le cou ; les épaules étaient plus hautes que les hanches et constituaient un appui solide pour le cou qui se dressait verticalement ; l'allègement vertébral observé chez *Barapasaurus* était poussé à l'extrême chez *Brachiosaurus* dont les vertèbres formaient une architecture à la fois robuste et légère.

L'autre lignée de sauropodes est représentée par le type du *Diplodocus*, forme plus longue que haute (dans les 25 m), basse et élancée, avec un cou serpentiforme et une queue mobile comme un fouet ; l'animal pouvait toutefois se redresser, le temps de saisir quelques feuilles pour s'en nourrir. Le nom de l'animal (*diplos* = deux et *dokos* = poutre) est une allusion à la double expansion osseuse qui faisait office de béquilles sous les vertèbres de la queue. Cette lignée de sauropodes a persisté jusqu'à la fin du Crétacé. Le genre *Saltasaurus* présentait curieusement une armure clairsemée de plaques et de clous.

Le recul des narines sur le sommet de la tête avait incité les spécialistes à considérer les sauropodes comme des reptiles herbivores semi-aquatiques dont la masse imposante était soutenue par l'eau et dont seule émergeait la tête. Actuellement, on les interprète plutôt comme des dinosaures-girafes terrestres ayant vécu en troupeaux.

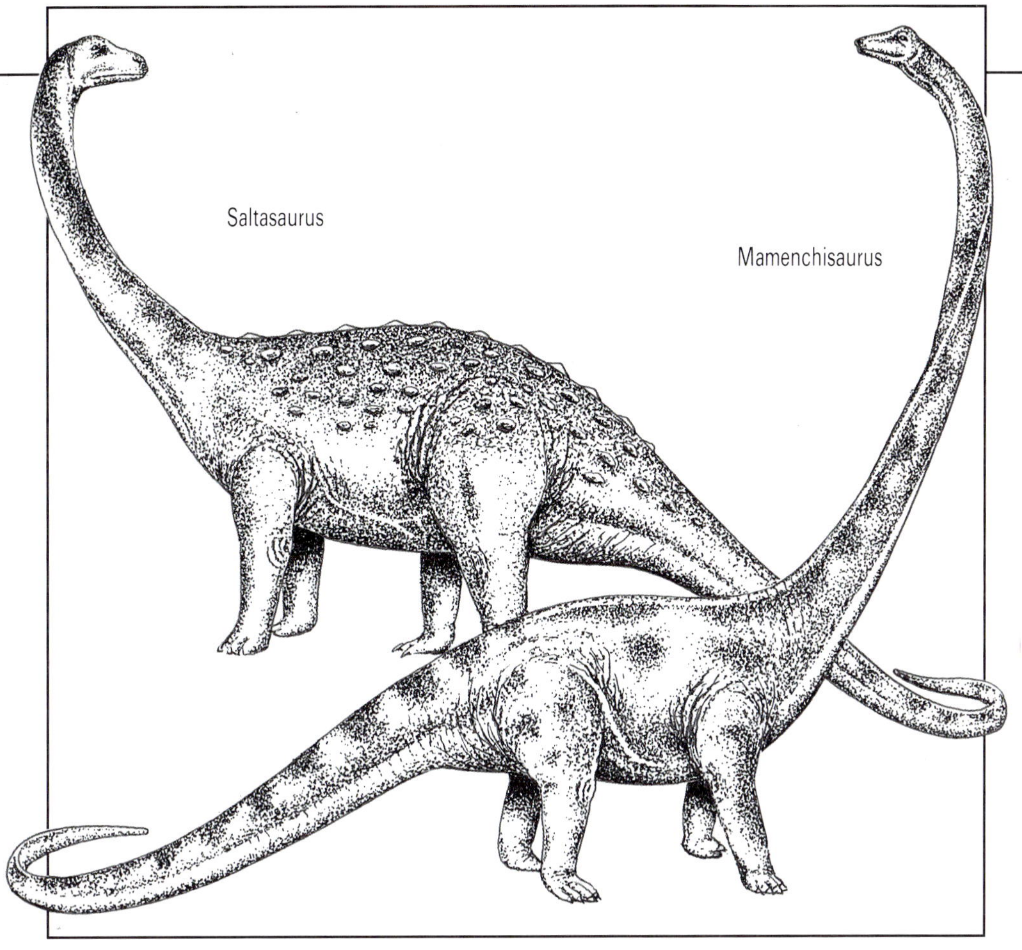

◀ *Les sauropodes ont colonisé toutes les terres du monde.* Mamenchisaurus, *forme du Jurassique de Mongolie, possédait le cou le plus long (19 vertèbres), par rapport au reste du corps, soit 8 ou 9 m pour une longueur totale estimée entre 20 et 25 m, (ceci lui permettant de brouter des feuilles à 15 m de hauteur). Le genre américain* Saltasaurus, *l'un des derniers représentants du groupe, possédait une armure faite d'un pavage discontinu de pièces en forme de plaques (peut-être épineuses) et de clous.*

▼ *Beaucoup de sauropodes ont été récoltés en Chine.* Shunosaurus *en est un petit représentant dont la queue se terminait en massue à trois pointes.*

LES ORNITHOPODES

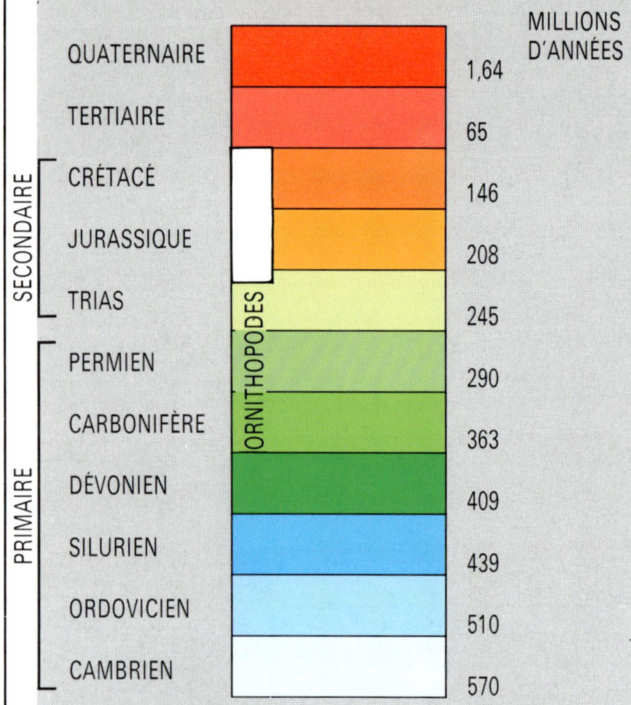

Dérivés eux aussi des thécodontes, les ornithischiens sont apparus au Jurassique moyen, c'est-à-dire plus tard que les saurischiens. On y reconnaît quatre groupes : les formes bipèdes ont abouti aux ornithopodes (essentiellement camptosaures, iguanodontes et « dinosaures à bec de canard » – ci-contre et page suivante) ; les formes quadrupèdes aux cératopsiens, stégosaures et ankylosaures (p. 70 à 73).

Second ordre constituant l'ancien groupe des dinosaures : les Ornithischiens – ou Avipelviens – (*ornis* en grec, *avis* en latin = oiseau, et *iskhion* en grec = hanches, *pelvis* en latin = bassin) étaient des reptiles fossiles à **bassin de type oiseau**, tétraradié, c'est-à-dire formé de quatre os (ilion + ischion + pubis + prépubis). À cette disposition correspondait un grand espace ménagé entre les pattes et dans lequel pouvait reposer le volumineux instestin des herbivores ; d'où, pour l'animal, la possibilité d'adopter une posture bipède. Par ailleurs le museau avait pris la forme d'un bec, les dents ayant disparu de la région antérieure des mâchoires. Certains ornithischiens sont demeurés bipèdes et armés de griffes ; d'autres sont devenus quadrupèdes, dotés de pieds terminés par des ongles plats ou des sabots.

Quelques-uns parmi les plus anciens, tel *Lesothosaurus*, avaient la taille d'un lézard, mais leurs descendants ont acquis une bien plus grande taille. Au Jurassique, les camptosaures (*kamptos* = recourbé) d'Amérique du Nord et d'Europe étaient des bipèdes herbivores de 6 m de long. Mais les iguanodons les ont par la suite largement dépassés : bipèdes herbivores fréquentant les marécages, ils avaient un corps massif atteignant 10 à 12 m de long, équilibré par une queue énorme, et des membres antérieurs petits comportant un pouce transformé en une arme efficace. Leur denture, uniquement postérieure, était précédée d'un bec et le mécanisme des mâchoires était assez complexe : lorsque la mâchoire inférieure s'abaissait, la mâchoire supérieure s'élevait, de sorte qu'une grande quantité de nourriture pouvait être saisie, puis logée dans deux grandes poches jugales avant d'être mâchée. Autre forme contemporaine d'Europe, *Hypsilophodon* ne mesurait que 1,50 m de long et était bâti comme un sprinter.

Au Crétacé supérieur se sont développés les « dinosaures à bec de canard », bipèdes amphibies de 5 m de long, aux membres pourvus de petits sabots et se nourrissant de plantes aquatiques et de conifères. C'est la soudure de leurs nombreuses dents en un bec formé de quatre plaques qui leur a valu ce surnom imagé.

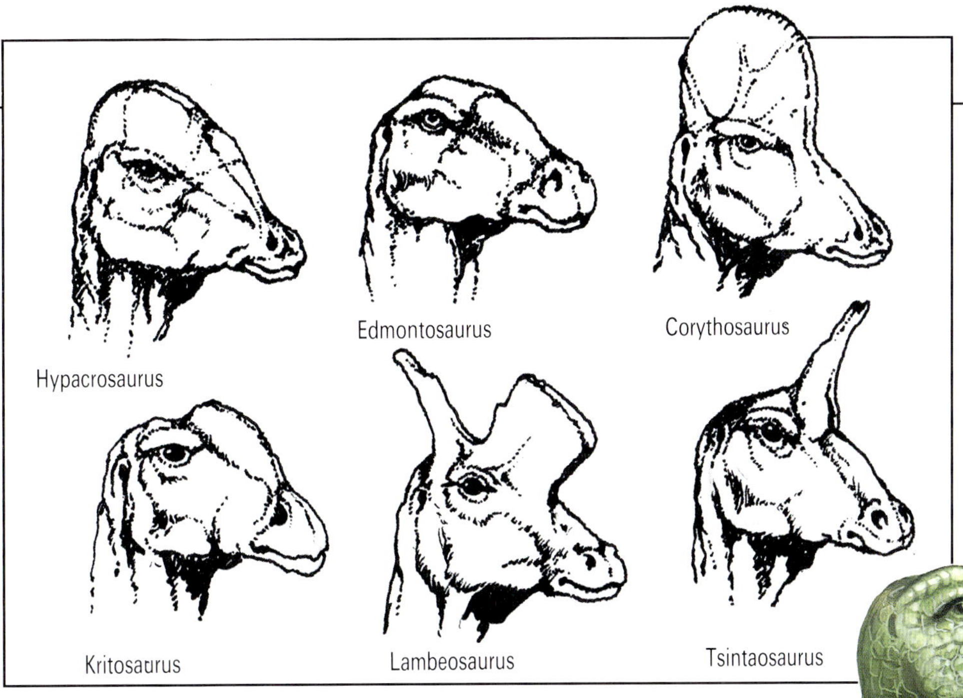

◄ *Les hadrosaures avaient une bien curieuse tête, avec leur bec de canard et pour certains leur crête nasale, en forme de petite coiffe ou de casque* (Edmontosaurus *et* Corythosaurus), *de carène* (Kritosaurus *et* Hypacrosaurus), *de tube* (Tsintaosaurus) *ou de hachette* (Lambeosaurus). Stegoceras *(page suivante) portait une calotte délimitée par un collier de protubérances.*

▲ *L'un des plus anciens ornithopodes,* Scutellosaurus, *du Jurassique nord-américain, était doté d'une carapace épineuse ; il avait la taille d'un lézard. Iguanodonte du Crétacé inférieur d'Afrique,* Ouranosaurus *avait par contre une taille bien supérieure (7 m) ; comme les pélycosaures du Permien, il possédait une voilure dorsale.*

LES CÉRATOPSIENS

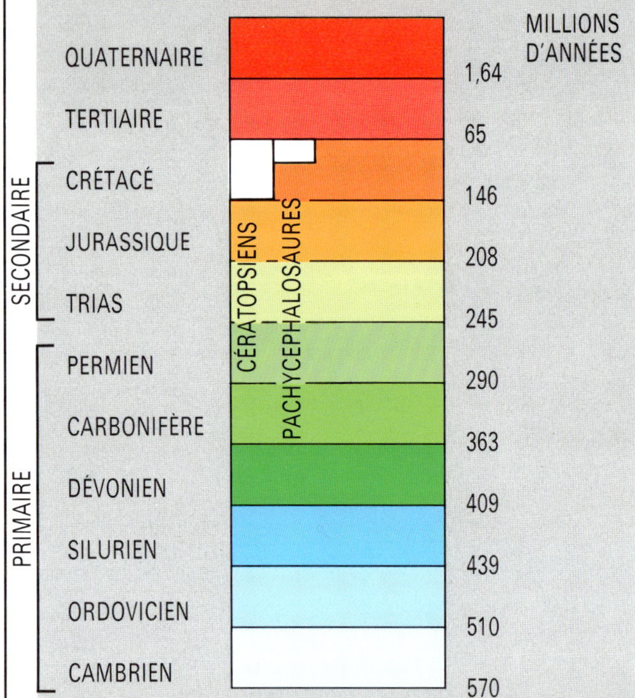

La diversité des cératopsiens dans le Crétacé d'Amérique du Nord est spectaculaire. Deux lignées principales ont été reconnues : l'une à couvre-nuque triangulaire peu étendu et petite corne nasale, comme chez *Centrosaurus* et *Styracosaurus* ; l'autre à collerette nucale plus allongée et jeu de cornes au-dessus des yeux, comme chez *Chasmosaurus* (dont le couvre-nuque ressemblait à une voile trouée par deux grandes ouvertures sur lesquelles la peau devait être tendue) et *Torosaurus* (dont la collerette également allégée par deux fenêtres était si étendue que le crâne de ce genre détient un record de longueur avec 2,60 m !). Le plus grand (et le plus célèbre) des cératopsiens fut aussi le dernier : *Triceratops* (une petite corne nasale et deux grandes cornes frontales) mesurait 9 m de long.

Deuxième groupe d'ornithischiens : les Cératopsiens (*kera* = corne), ou **dinosaures cornus**. Quadrupèdes du Crétacé d'Amérique du Nord et de Mongolie, issus du *Protoceratops*, c'étaient des reptiles au crâne énorme, terminé en avant par un bec corné, muni vers l'arrière d'une **collerette couvre-nuque** et portant des **cornes osseuses** en nombre varié.

Psittacosaurus en est un représentant atypique, récolté dans le Crétacé supérieur de Mongolie. Ce reptile, bâti comme un *Hypsilophodon* dont il avait d'ailleurs la taille, n'était que semi-bipède ; son crâne se terminait par un bec de perroquet (*psittakos* = perroquet) et portait à l'arrière une lourde crête servant à l'insertion des muscles maxillaires. On peut voir dans cette crête l'ébauche de la collerette postérieure et du bouclier nucal des cératopsiens ultérieurs. *Psittacosaurus* n'en est pourtant pas l'ancêtre : avec quatre doigts aux membres antérieurs, et un bec dépourvu de dents antérieures, ce genre semble avoir suivi une direction évolutive différente de celle des autres cératopsiens.

Protoceratops (jusqu'à 2,50 m) est par contre l'un des cératopsiens typiques les mieux connus, grâce aux séries d'individus d'âges différents et aux nids découverts en Mongolie. L'évolution du groupe se caractérise par un accroissement de la taille (jusqu'à 9 m et plus de 5 t) et par le développement de collerettes allégées par des fenêtres. Les cornes des cératopsiens ressemblent à celles des antilopes et l'on pense qu'elles servaient lors des combats entre mâles. L'abondance de leurs restes dans certains gisements suggère une vie en troupeaux.

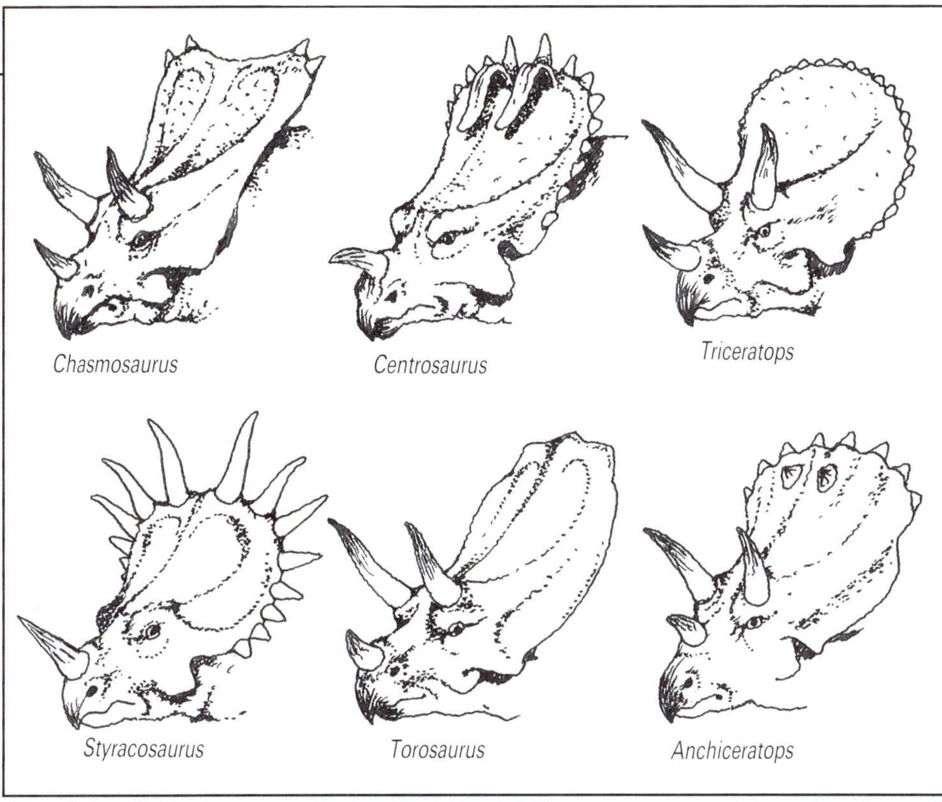

◄ *Divers types de collerettes et de cornes chez les cératopsiens. Des cornes de longueurs variées pointaient en divers points de la tête : sur le museau, au-dessus des yeux ou sur les bords de la fraise nucale.*

▼ *Dans les troupeaux de* Stegoceras *(ornithopodes) ou de* Chasmosaurus *(cératopsiens), hôtes des terres craquelées d'Amérique du Nord au Crétacé supérieur, les affrontements tête à tête à coups de boutoir devaient être monnaie courante.*

LES STÉGOSAURES

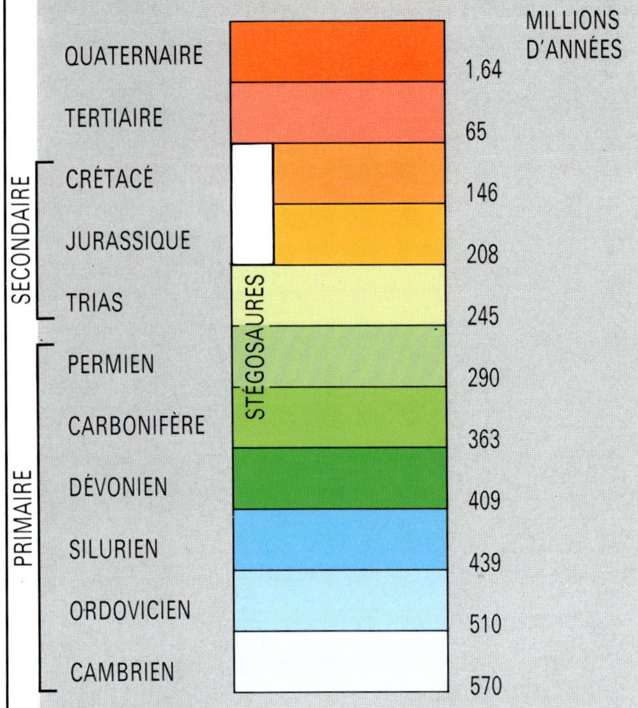

Troisième groupe d'ornithischiens, le sous-ordre des Stégosaures (*stegos* = abri, toit), représenté pendant le Jurassique et le Crétacé. C'étaient des quadrupèdes herbivores de grande taille (de 5 à 7 m en moyenne), à **tête minuscule** munie d'un bec analogue à celui des oiseaux, à membres antérieurs plus petits que les postérieurs, au corps revêtu d'une **cuirasse d'os dermiques**, dont deux rangées de **plaques verticales triangulaires** allant de la nuque à la queue, elle-même armée de quatre pointes osseuses.

Le mieux connu des stégosaures est *Stegosaurus*. C'est aussi le plus grand (jusqu'à 9 m de long). *S. stenops* avait de grandes plaques dorsales et deux paires d'épines caudales, tandis que *S. ungulatus* avait quatre paires d'épines mais de petites plaques. Comment les plaques étaient-elles disposées : par paires ou en quinconce ? Leur position couchée à l'état fossile laisse envisager l'un ou l'autre arrangement. Formaient-elles une cuirasse protégeant la colonne vertébrale (elles auraient alors été recouvertes de matière cornée) ou jouaient-elles un rôle de régulateur thermique comme chez les pélycosaures ? Des sillons observés à leur surface font en effet penser au passage de vaisseaux sanguins (elles auraient alors été simplement recouvertes par de la peau). Les os de la queue montrent la trace de puissants points d'insertions musculaires laissant à penser que l'animal pouvait se dresser et reposer comme sur un trépied pour brouter les feuillages des arbres.

Les autres stégosaures montrent des arrangements différents de l'armure osseuse. *Diracodon* ressemblait à un petit *Stegosaurus*, mais avec de bien plus grandes plaques. Celles du genre chinois *Tuojiangosaurus* étaient par contre plus petites. *Chialingosaurus* et *Kentrosaurus*, formes respectivement chinoise et est-africaine, étaient plus élancés et portaient des plaques étroites à allure d'épines.

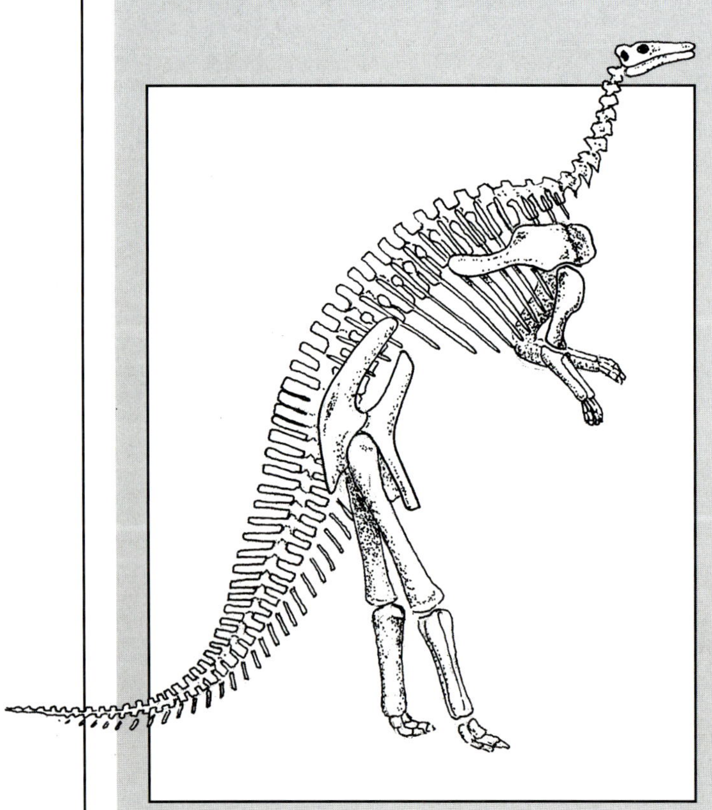

◀ *Le squelette de* Stegosaurus *montre que les plaques et les épines n'étaient pas des dépendances osseuses (on les trouverait en place sur la colonne vertébrale), mais des formations solides insérées dans la peau et la chair selon un arrangement qu'on ne connaît pas avec précision.*

▼ *Le genre jurassique nord-américain* Stegosaurus *est le plus typique des stégosaures, avec sa double rangée de plaques dorsales triangulaires ; sa queue, armée de plusieurs paires d'épines, avait probablement un rôle défensif. Chez son petit cousin africain* Kentrosaurus, *les plaques sont plus étroites, mais les épines plus grandes et plus nombreuses.*

LES ANKYLOSAURES

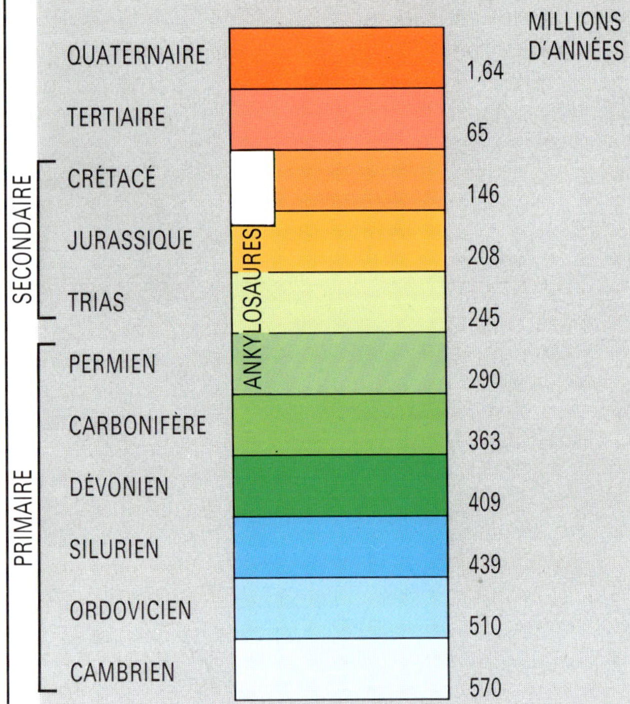

Tous les dinosaures ont disparu à la fin du Crétacé. De nombreuses hypothèses, plus ou moins sérieuses, ont été avancées pour expliquer cette fin catastrophique. Les unes font appel à des causes internes, par exemple le gigantisme (mais l'extraordinaire diversification des dinosaures à la fin du Crétacé n'offre pas l'image d'un groupe en voie d'extinction) ; les autres à des causes externes : compétition avec les mammifères, manque de nourriture, intoxication par des plantes contenant des alcaloïdes, épidémies, variation du niveau des mers, refroidissement climatique, éruptions volcaniques, chute de météorites ou de comètes (mais comment expliquer que tous aient disparu dans des milieux aussi différents que les milieux marins et les milieux continentaux, et sur l'ensemble de la planète ?).

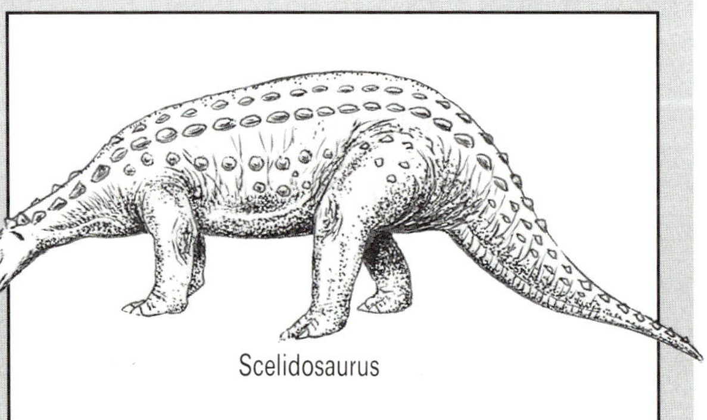

Scelidosaurus

Dernier sous-ordre d'ornithischiens : les Ankylosaures (*agkulos* = recourbé, enserré), ou **dinosaures armés**, apparus au cours du Jurassique et connus dans tout le Crétacé. C'étaient des quadrupèdes de taille petite à moyenne, à pattes antérieures courtes (avec cinq doigts, contre seulement quatre au pied), dont le corps était recouvert d'une **épaisse carapace dermique** portant des polygones osseux et de **fortes épines** (cette armure leur a parfois valu le nom de « tanks reptiliens »). Notons en passant qu'on retrouvera ce type d'armure chez les « tatous géants » (mammifères glyptodontes) du Tertiaire d'Amérique du Nord. Leur **denture était faible, voire absente**, d'où le nom de Nodosaures également attribué au groupe (*nodos* = édenté). Bien que ce soient des ornithischiens, les os de la hanche ont ici perdu les caractères propres aux oiseaux : ils sont devenus épais et lourds, nécessité imposée par le poids de la carapace dermique.

On a distingué deux tendances évolutives chez les ankylosaures. Dans le groupe des nodosaurides, le crâne est étroit, la carapace dermique porte des épines plutôt que des plaques et la queue n'est pas armée. *Nodosaurus* (dont on connaît aussi une forme naine) en est un représentant typique du Crétacé supérieur d'Amérique du Nord, avec une carapace formée d'une mosaïque de plaques disposées en rangées parallèles et armée de fortes épines dorsales. Chez son cousin *Struthiosaurus* (2 m), du Crétacé d'Europe, les épines sont disposées latéralement en bordure de la carapace.

Dans le groupe des ankylosaurides, de plus grande taille, le crâne est plus large et la queue, ceinturée d'une série d'anneaux osseux, porte à son extrémité une protubérance osseuse dont l'animal devait se servir comme d'une massue pour asséner des coups violents à ses adversaires. *Ankylosaurus*, forme du Crétacé supérieur d'Amérique du Nord, est le représentant le plus grand (10 m) et le plus typique du groupe. Sa carapace était intégralement couverte de protubérances plus ou moins épineuses.

▶ Scelidosaurus, *forme jurassique du sud de l'Angleterre, avait la taille d'une vache. Certains caractères particuliers de ce dinosaure, classé parmi les ankylosaures, laissent à penser qu'il s'agit peut-être d'un ancêtre des stégosaures.*

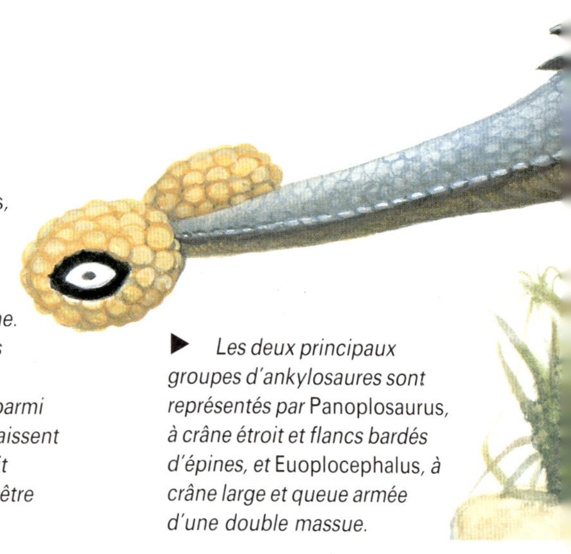

▶ *Les deux principaux groupes d'ankylosaures sont représentés par* Panoplosaurus, *à crâne étroit et flancs bardés d'épines, et* Euoplocephalus, *à crâne large et queue armée d'une double massue.*

▲ *Parmi les ankylosaures crétacés,* Struthiosaurus *avait la taille d'un mouton,* Ankylosaurus *celle d'un éléphant. L'un et l'autre genres possédaient une carapace dermique armée d'épines. Chez* Nodosaurus, *de taille intermédiaire, la carapace ne portait que des plaques.*

LES PREMIERS CONQUÉRANTS DU CIEL

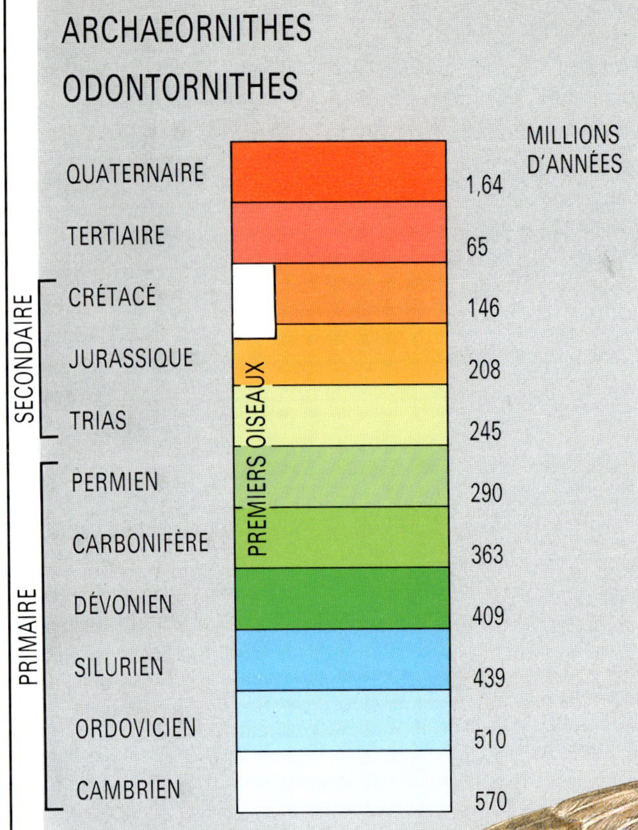

D'une certaine façon, les oiseaux sont peut-être les uniques représentants encore vivants du groupe des dinosaures : selon l'hypothèse la plus couramment admise, ils descendraient des théropodes carnivores. Certains auteurs toutefois pensent que leurs ancêtres s'apparenteraient aux crocodiles, tandis que d'autres affirment les trouver parmi les thécodontes coelurosaures (de toute façon groupe-souche des dinosaures comme des crocodiles).

L'un des plus petits dinosaures est *Compsognathus*, qui vécut en Europe à la fin du Jurassique. Long de 60 cm, il avait l'allure d'un poulet, avec de longues pattes postérieures, un corps ramassé et un cou très mobile. Le premier oiseau incontestable, *Archaeopteryx*, hantait les mêmes lieux à la même époque. Mieux, il lui ressemblait tout à fait, mais détail sensationnel : il possédait des plumes. Les six exemplaires de cet ancêtre des oiseaux récoltés jusqu'ici provien-

nent des schistes lithographiques de Bavière. La finesse du grain de ces roches est telle que les empreintes laissées par les plumes ont été conservées. Si elles ne l'avaient pas été, nul doute que ces animaux eussent été classés parmi les reptiles.

Ainsi *Archaeopteryx* nous apparaît-il comme un intermédiaire entre les thécodontes et les oiseaux, avec certains caractères reptiliens, d'autres aviens. Parmi les premiers, on peut retenir : un crâne allongé avec de grandes orbites et des mâchoires garnies de dents logées dans des alvéoles ; des os non allégés ; une longue queue comportant une vingtaine de vertèbres ; trois doigts de la main armés de griffes. Parmi les seconds : la présence de **plumes** ; la soudure de clavicules en une pièce unique, la **fourchette** ; un squelette de l'aile préfigurant celui des oiseaux. Les archéoptéryx devaient être des animaux arboricoles, chassant insectes et petits vertébrés en pratiquant le vol plané depuis les cimes des arbres, les ailes servant de parachute (à moins qu'ils n'aient été seulement coureurs, mais capables d'agrémenter leurs déplacements de quelques sauts en vol plané).

Les archives paléontologiques sont hélas demeurées muettes sur la suite de l'histoire de ces premiers oiseaux, classés dans le groupe des Archaeornithes. Il faut attendre le Crétacé pour trouver le genre *Ichtyornis*, un oiseau nord-américain de la taille d'une mouette, encore muni de dents – probablement piscivore – et doté d'un bréchet puissant. *Hesperornis*, également denté (ce qu'indique le nom de la sous-classe à laquelle ces deux genres sont rapportés : les Odontornithes), était beaucoup plus grand : 1,80 m de long avec des ailes réduites ; il était probablement adapté à la nage avec des pattes postérieures palmées.

◄ *Le premier oiseau connu,* Archaeopteryx, *date du Jurassique supérieur d'Allemagne, en Bavière. Les suivants ne sont connus que dans le Crétacé supérieur d'Amérique du Nord, au Kansas :* Ichtyornis, *bon voilier ressemblant à une hirondelle de mer, et* Hesperornis, *avec un crâne rappelant celui des plongeons actuels. À signaler la découverte récente, dans les grandes plaines d'Amérique du Sud, d'un oiseau inconnu de la taille d'une poule.*

◄ *Le squelette d'*Archaeopteryx *évoque aussitôt un petit dinosaure : mâchoire dentée, longue queue, griffes à l'avant des ailes ; mais un dinosaure couvert de plumes. Six exemplaires seulement ont jusqu'ici été découverts, tous dans la même formation de schistes lithographiques du Jurassique de la région de Solnhofen, en Bavière.*

VERS LES OISEAUX MODERNES

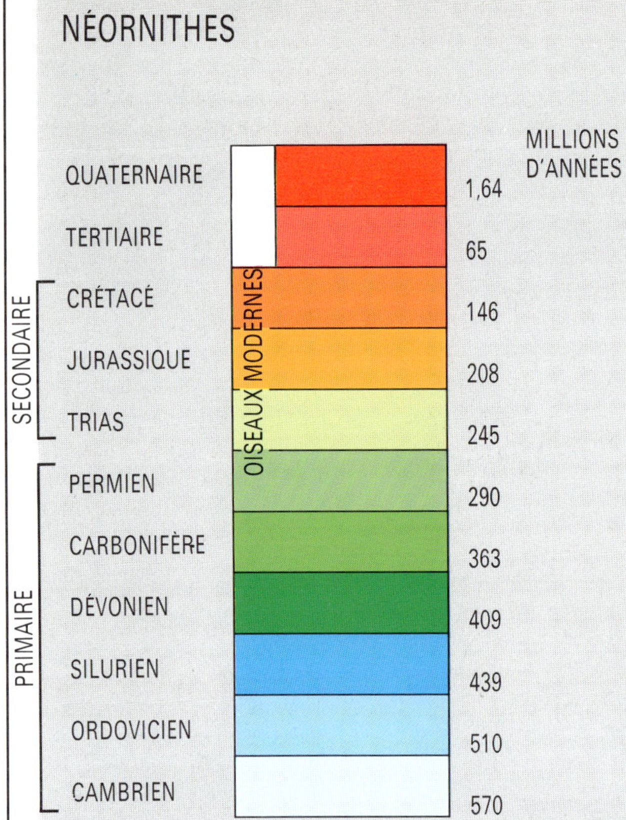

La radiation adaptative des oiseaux fut rapide et spectaculaire dès la fin du Crétacé. À l'aube de l'ère Tertiaire en effet, de nombreux groupes étaient déjà différenciés : grèbes, pélicans, plongeons, flamants, échassiers. D'autres suivirent au cours du Paléogène puis du Néogène. Les uns, souvent de grande taille, étaient incapables de voler ; leur sternum était dépourvu de bréchet. Ce sont les premiers Ratites, ancêtres des autruches, avec leurs représentants fossiles *Eleutherornis, Aepyornis* (l'espèce *A. titan*, de Madagascar, avait 3 m de haut et devait peser dans les 450 kg) et *Dinornis* (*D. maximus*, également 3 m de haut), les fameux moas de Nouvelle-Zélande disparus à l'époque historique. Mais d'autres oiseaux, ancêtres des Carinates, étaient déjà dotés d'un bréchet. C'étaient aussi de redoutables prédateurs, sans ailes mais à bec puissant, comme les *Diatryma* éocènes et les *Phororhacos* miocènes. Les grandes formes aptères du Quaternaire, malheureusement exterminées par l'homme, étaient insulaires. Parmi elles *Raphus cucullatus*, le fameux dronte ou dodo, grand pigeon de l'île Maurice et de la Réunion. Les passereaux sont peu connus à l'état fossile.

Lorsque disparurent les dinosaures, à la fin du Crétacé, deux autres faits importants se produisirent : la **prolifération des oiseaux** et l'**émergence des mammifères**. Dès le début du Tertiaire se diversifia un groupe d'**oiseaux terrestres carnivores**. Ils prirent la place laissée vacante par les théropodes disparus, adoptant leur mode de vie. Ainsi *Diatryma*, un oiseau de 2 m de long (dont 45 cm pour la tête), prédateur de petits mammifères dans les forêts éocènes d'Amérique du Nord et d'Europe, et qui, sans concurrent à cette époque, fut pour un temps le roi des chasseurs. Plus tard au Miocène, en Amérique du Sud, régna pareillement *Phororhacos*, un oiseau d'aspect semblable au précédent (avec une tête de 70 cm), quoique non apparenté.

Parmi les **oiseaux de mer** fossiles, l'un des plus remarquables est sans conteste le genre *Osteodontornis*. Cet oiseau vivait au Miocène sur les côtes occidentales d'Amérique du Nord ; il possédait un très long bec à bordure crénelée qui lui permettait de bien agripper les poissons au corps glissant. Parmi les **pêcheurs en eau douce**, figurent les *Presbyornis*, du Crétacé supérieur et de l'Éocène d'Amérique et d'Europe ; ils ressemblaient à des oies perchées sur de longues pattes, et leurs restes sont si abondants qu'on pense que ces oiseaux vivaient en populations très denses sur les rives des lacs.

Diatryma

▼ *Les oiseaux fossiles du Tertiaire avaient une taille impressionnante, comme le grand planeur* Osteodontornis *(5,20 m d'envergure), ou l'immense* Argentavis *du Pliocène d'Argentine (détenteur du record d'envergure avec 7,30 m), à allure de condor et probablement nécrophage.* Palaeolodus *ressemblait à un flamant. Pourtant, le corps de ces formes ailées ne faisait pas le poids, comparé à celui de formes aptères comme* Diatryma *et* Phororhacos *qui devaient peser entre 300 et 500 kg. Véritablement, ces oiseaux-là étaient les dignes successeurs des terribles dinosaures carnivores du Crétacé.*

LES MAMMIFÈRES DU SECONDAIRE

MULTITUBERCULES

TRICONODONTES

PANTOTHÉRIENS

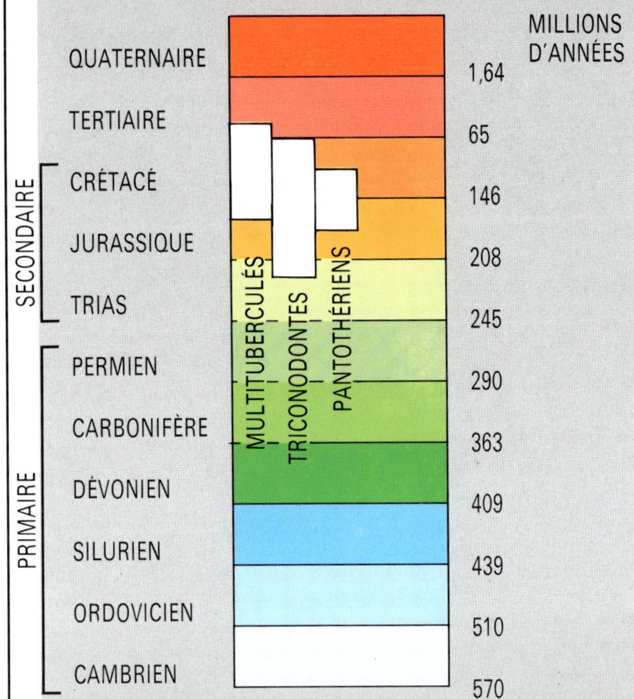

Depuis leur apparition au Rhétien (Trias supérieur) il y a 200 M.A., l'évolution des mammifères a essentiellement porté sur l'organisation de leur appareil dentaire. Une chance est donc que les vestiges fossiles de ces vertébrés soient précisément, dans la plupart des cas, des mâchoires et des dents. Les différences essentielles relatives à leur évolution portent sur la constitution de la boîte crânienne et la forme des dents. D'emblée trois ordres peuvent être distingués : les Triconodontes *(Megazostrodon)*, les Multituberculés *(Haramiya)* et les Symmétrodontes *(Kuehneotherium)*.

Les mammifères de type moderne, ou thériens, se sont lentement diversifiés à partir du Jurassique. *Zalambdalestes* en est un représentant. On le rapproche des « rats-éléphants » actuels, qui sont des insectivores, non des rongeurs. Ce groupe est connu par des milliers de mâchoires et de dents (mais par un seul squelette, de la taille d'un petit rongeur).

L'ère Cénozoïque (Tertiaire + Quaternaire) – les 65 derniers millions d'années – est l'âge d'or des mammifères. Leur évolution dure déjà depuis 220 M.A., c'est-à-dire autant que celle qui conduisit les dinosaures de leur naissance à leur extinction. Mais cette évolution fut moins rapide. Au Mésozoïque, ils n'étaient pas plus gros que des souris, assurément insignifiants à côté des grands reptiles. Leur plein épanouissement ne fut assuré qu'après la disparition de ces derniers.

Le **passage des reptiles aux mammifères** doit d'abord être perçu en termes de **physiologie** : nutrition, respiration, locomotion, reproduction, comportement psychique, tous les systèmes de vie active ou végétative ont été perfectionnés ou transformés. Les **modifications du squelette** dont peuvent témoigner leurs restes fossiles n'ont fait que refléter une part de ces transformations. Les plus importantes concernent les os de la tête avec d'une part le passage de l'**articulation thérapside** (entre l'os articulaire et l'os carré) à l'**articulation mammalienne** (entre le dentaire et le squamosal), d'autre part la **transformation de l'oreille moyenne**. Le déplacement de l'articulation a entraîné une restructuration musculaire et modifié la mécanique mandibulaire en conduisant à la formation de **dents à couronne complexe** (avec des tubercules pointus ou arrondis) et à la **mastication**. Certains reptiles thérapsides ont d'abord présenté une articulation double (ainsi que l'exprime parfaitement le nom de genre *Diarthrognathus*, du Trias supérieur), puis à partir du Jurassique seule a persisté l'articulation mammalienne, les os de l'ancienne articulation thérapside ayant acquis d'autres fonctions dans l'oreille moyenne (l'articulaire est devenu le marteau et l'os carré l'enclume). Autres caractères mammaliens importants : l'**homéothermie**, qui, associée à la mastication, a augmenté la vitesse de la digestion ; l'apparition d'une **couverture pileuse** isolante, et le développement du diaphragme activant la respiration ; la **viviparité**, assurant une longue protection des embryons, et le développement des **glandes mammaires**.

Dans la nature actuelle, survit un groupe de mammifères archaïques, les Monotrèmes (*trêma* =

Megazostrodon

◀ Zaglossus *: échidné géant du Pléistocène. Comme tous les monotrèmes, il pondait des œufs. On connaît d'autres monotrèmes fossiles (*Ektopodon, *Miocène d'Australie, 20 M.A.) ; mais le plus ancien d'entre eux,* Steropodon, *a été découvert en 1987 dans le Crétacé inférieur d'Australie. La lignée remonte donc au moins à 100 M.A.*

trou ; pour ces animaux, un seul orifice cloacal commun aux voies digestive, urinaire et génitale). Cette sous-classe réunit des formes à long bec aplati ou tubulaire, dépourvu de dents. Leurs représentants, ornithorhynques et échidnés, seuls mammifères ovipares connus, sont les descendants présumés des multituberculés mésozoïques (mais en l'absence des dents, aucune certitude n'est encore possible).

▼ Megazostrodon *: un triconodonte insectivore du Trias supérieur d'Afrique du Sud. Animal de petite taille (crâne de 3 cm), à mâchoire basse allongée portant incisives, canines, prémolaires et molaires.* Haramiya *(multituberculé à allure de campagnol, apparu au Trias supérieur) et* Crusafontia *(forme crétacée à allure d'écureuil) sont d'autres précurseurs des mammifères modernes.*

Crusafontia

Zalambdalestes

Haramiya

INSECTIVORES ET CHAUVES-SOURIS

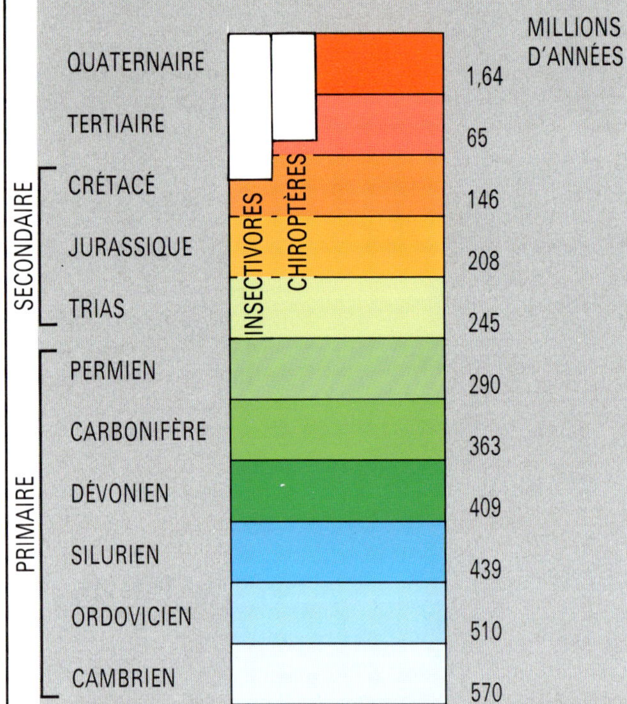

La crise planétaire qui fit disparaître ammonites et dinosaures et tant d'autres groupes à la fin du Mésozoïque, n'épargna pas les mammifères. Mais parmi ces derniers, et dès le début du Cénozoïque, les placentaires ont victorieusement franchi ce cap. Ils ont immédiatement diversifié un faisceau de radiations évolutives dont certaines ont engendré des formes sans lendemain, mais dont la plupart ont conduit au foisonnement de la nature actuelle.

Depuis l'extinction des dinosaures, il y a 65 M.A., les mammifères se sont diversifiés et ont essaimé sur notre planète. Parmi eux, les Insectivores et les Chiroptères.

Les insectivores ont un crâne étroit et aplati, un museau plutôt allongé, des mâchoires caractérisées par des molaires à tubercules pointus et des crêtes d'émail en forme de V ; les mains et les pattes ont cinq doigts et les membres sont peu modifiés, sauf dans les groupes fouisseurs. Les formes cénozoïques se sont diversifiées en hérissons, musaraignes et taupes. Or les insectivores actuels ressemblent encore beaucoup aux premiers mammifères mésozoïques. Il n'est donc pas étonnant qu'un genre tel que *Palaeoryctes*, du Paléocène nord-américain, ne puisse guère être distingué d'une musaraigne actuelle, ni que *Deinogalerix*, du Miocène italien, puisse passer pour un hérisson, en dépit de ses 30 cm de long. De fait, leurs modes de vie et leurs habitats étaient aussi diversifiés que ceux des insectes dont ils se nourrissaient.

Les *Leptictidium* de l'Éocène allemand possédaient un long nez, de longues pattes et une longue queue, ressemblant à la fois à des « rats à trompe » et à des kangourous. *Planetetherium*, de l'Éocène nord-américain, classé parmi les dermoptères en raison du patagium tendu de chaque côté de son corps entre membres antérieurs et membres postérieurs, fait penser aux actuels galéopithèques ou lémurs volants (végétariens nocturnes du Sud-Est asiatique). De fait, ces animaux ont disparu à la fin de l'Oligocène.

Quant aux chauves-souris, également pourvues d'un patagium, ce sont des mammifères véritablement adaptés au vol que les zoologues classent dans un autre groupe, celui des Chiroptères (*kheir* = main et *pteron* = aile). Ils y distinguent deux sous-ordres : les Mégachiroptères, apparus à l'Oligocène, et se nourrissant de fruits, de graines, de nectar ; et les Microchiroptères, apparus à l'Éocène, de taille plus petite,

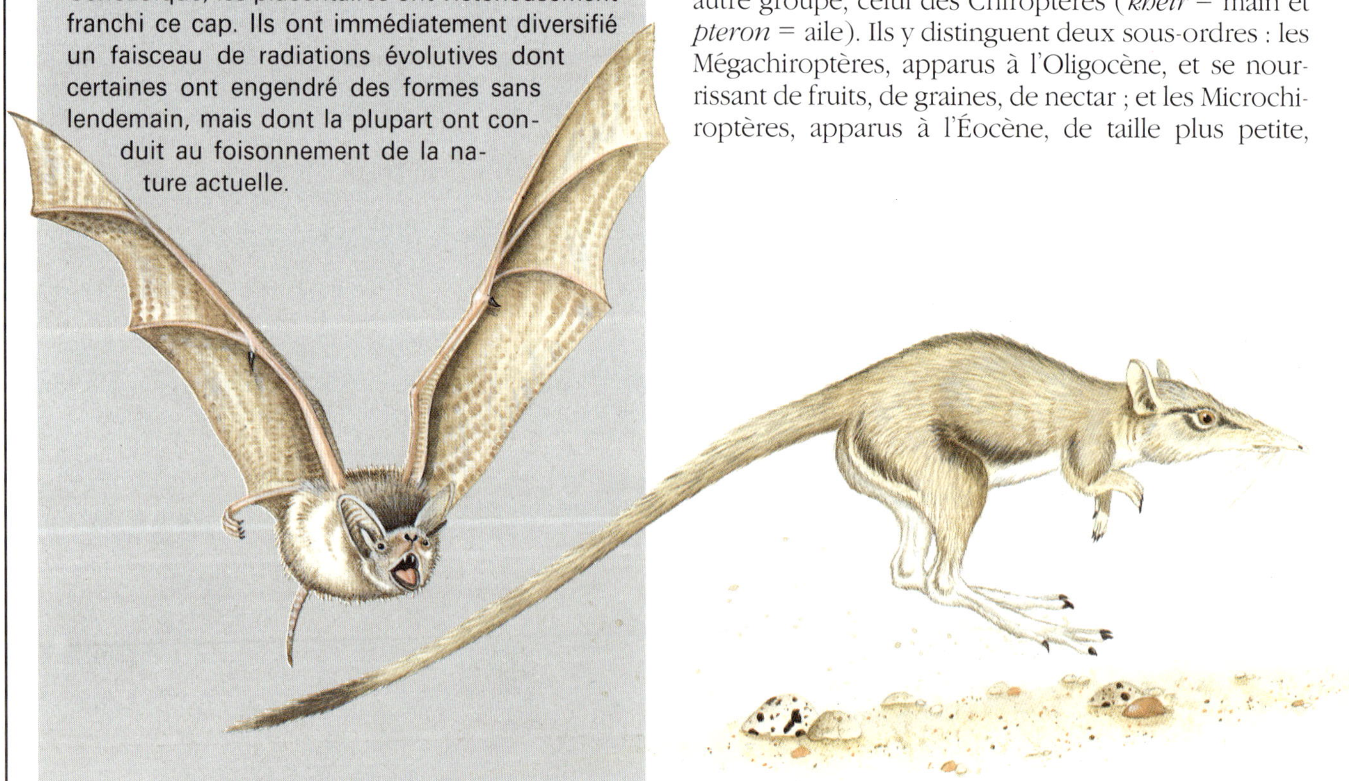

pourvus d'un « sonar » et, bien que typiquement insectivores, amateurs eux aussi de fruits et de nectar, quand ce n'est pas de chair ou de sang. La plus ancienne chauve-souris est *Icaronycteris*, qui présente des caractères appartenant à ces deux groupes.

▼ *Les insectivores éocènes ont présenté des formes qui nous sembleraient aujourd'hui familières.* Palaeoryctes *ressemblait à une musaraigne,* Planetetherium *voltigeait d'arbre en arbre comme nos lémurs volants. L'insectivore à longues pattes,* Leptictidium, *courait et sautait dans les broussailles à la poursuite de ses proies, à la manière des kangourous, tandis que dans les airs virevoltaient des* Icaronycteris, *tout à fait semblables aux formes que nous connaissons.*

LES CRÉODONTES

OXYAENODONTES

HYAENODONTES

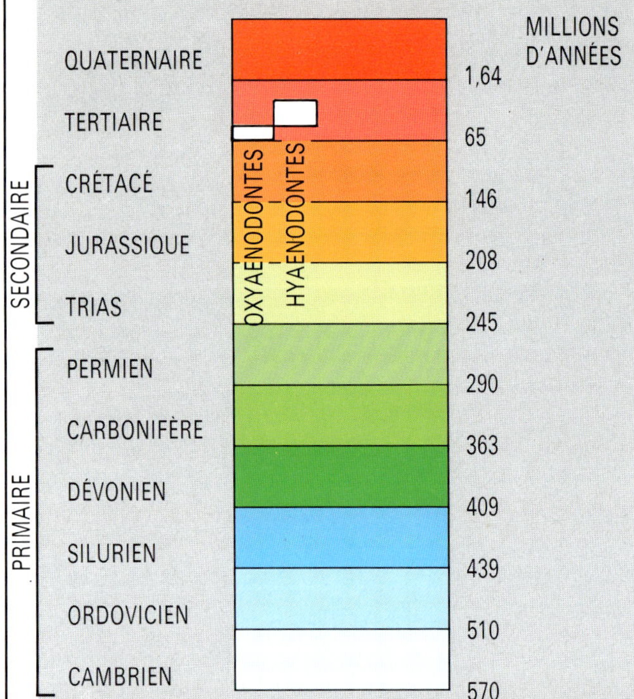

*L*e terme de Créodontes était autrefois utilisé pour désigner une subdivision des Carnivores. Sous ce dernier terme, en fait, étaient rassemblées des formes dont le seul dénominateur commun était leurs mœurs carnassières. Du point de vue de la classification et des relations de parenté, Créodontes et Carnivores (au sens moderne) sont deux groupes séparés. Le contenu du groupe des Créodontes a lui-même beaucoup varié. On le restreint aujourd'hui à des formes exclusivement fossiles.

Lorsque sur un territoire donné vivent des herbivores, l'évolution conduit plus ou moins rapidement, mais inexorablement, à l'apparition d'espèces carnassières. Au début du Tertiaire, de telles espèces rapportées de nos jours à l'ordre des Carnivores (pour ne citer que des mammifères) n'existaient pas encore.

▶ *Durant l'Éocène,* Sinopa *courait comme un renard,* Oxyaena *avait l'allure d'un glouton,* Patriofelis *avait la taille d'un ours, chacun pourchassant des proies à sa mesure.*

▼ Megistotherium *: le plus grand carnassier des prairies actuellement connu à l'état fossile (Miocène de Lybie).* Hyaenodon *(Oligocène inférieur) pouvait atteindre la taille d'un tigre et vivait comme une hyène actuelle chassant à la fois de grandes proies et se nourrissant de charognes.*

Cependant, un groupe les préfigurait déjà, celui des Créodontes (*kreas* = chair et *odous* = dent), apparu au Crétacé supérieur. Ces bêtes étaient très proches des insectivores, mais elles possédaient des dents cisaillantes, avec des canines fortes et pointues. Le groupe s'éteindra à l'Oligocène, probablement éliminé par les vrais Carnivores.

Appartiennent à ce groupe des formes caractérisées par un crâne plus étroit et un museau allongé *(Megistotherium, Hyaenodon)*, d'autres au contraire d'un élargissement du crâne et un raccourcissement du museau *(Oxyaena, Patriofelis)*. Ces animaux à corps allongé, pattes assez courtes et forte queue, avaient une allure relativement féline, certains ressemblant fort à des hyènes. Au Paléocène et à l'Éocène, les oxyaenodontes, plutôt petits, chassaient en se faufilant dans les broussailles des forêts d'Europe. Les hyénodontes quant à eux, hôtes des forêts de l'hémisphère Nord et du continent africain, étaient les équivalents des chiens et des hyènes actuels, mais avec un cerveau plus petit, des membres postérieurs plus courts, une démarche plus basse. Certains cependant, comme *Megistotherium*, avaient une taille imposante (ce félin avant la lettre devait peser dans les 900 kg) et s'attaquaient probablement à de très grandes proies telles que les éléphants de l'époque.

LES CARNIVORES

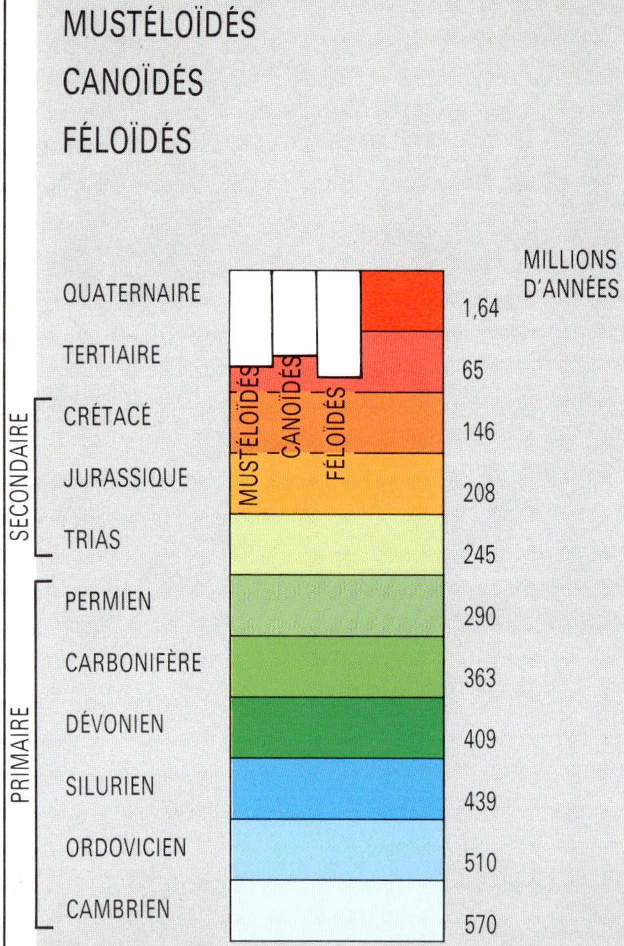

Les formes carnassières de mammifères placentaires, réunies dans l'ordre des Carnivores, sont caractérisées par des mâchoires dotées de crocs et de dents coupantes et broyeuses, par des doigts armés de griffes et par un volume crânien nettement supérieur à celui de leurs prédécesseurs créodontes. Apparus au Paléocène et vite répandus dans tout l'hémisphère Nord, ils dérivent probablement des insectivores du Crétacé supérieur, mais ils ne se sont épanouis qu'à partir de l'Oligocène, il y a seulement 35 M.A. Les formes les plus nombreuses sont terrestres. Au cours du Miocène, certaines formes sont devenues secondairement subaquatiques. Leurs membres se sont raccourcis, mais inversement leurs mains et leurs pieds se sont allongés.

À l'origine des Carnivores, se place le groupe des Miacoïdes, ensemble de formes éocènes d'Allemagne telles que *Miacis*, petit animal ressemblant fort à la martre des pins, folâtrant parmi les arbres et se nourrissant d'oiseaux, d'œufs et de petits mammifères. Trois directions évolutives principales se sont alors révélées.

Dans un premier ensemble, se place le groupe des Mustéloïdes (fouines, martres, hermines, belettes, gloutons et loutres). Au Miocène, *Potamotherium* était une sorte de loutre géante (1,50 m de long), chassant les poissons des rivières de France.

▼ *Les ancêtres des Carnivores modernes datent de la fin du Tertiaire.* Potamotherium *préfigure les loutres actuelles, tandis que l'espèce* Ursus spelaeus, *l'ours géant des cavernes, préfigure l'ours brun actuel.*

▶ Daphoneus, *petit chien-ours et* Hesperocyon *(Oligocène), petite forme à allure de mangouste.* Eusmilus *et* Nimravus *: deux redoutables félins oligocènes, aux dents acérées en forme de sabre pour le second.*

Dans un deuxième ensemble, figure le groupe des Canoïdes (chiens et ours), dérivé du précédent. *Hesperocyon*, de l'Oligocène nord-américain, est l'un de ses premiers représentants. Il avait un corps allongé, des pattes plutôt courtes, mais sa denture et la structure de ses oreilles préfiguraient celles d'un chien. Toujours dans l'Oligocène d'Amérique du Nord, *Daphoneus* en avait les caractères encore plus accusés, notamment avec des pattes plus longues. Des « chiens-hyènes » ont été récoltés dans le Miocène supérieur et le Pliocène américain. D'autres formes ont présenté des caractères mixtes évoquant aussi bien les chiens que les ours. Leur stature et leur nombre en ont probablement fait **le groupe dominant au milieu du Tertiaire**. Pourtant, les vrais ours ne sont apparus que bien plus tard, et le fameux ours des cavernes, *Ursus spelaeus*, très abondant en Europe et en Asie pendant la dernière glaciation (Pléistocène), était en fait le plus herbivore des Carnivores. Ses restes pullulent parfois dans certaines grottes.

Au troisième ensemble appartient le groupe des Féloïdes, au sens large du terme (hyènes, mangoustes et surtout félins). Les félidés sont considérés comme les mieux accomplis d'entre eux, avec leur **odorat aiguisé** et leur **démarche silencieuse** (griffes en partie rétractiles). Ils se remarquent par la réduction du nombre des molaires et le développement considérable de la canine chez les formes dites machaïrodontes, connues dès l'Oligocène inférieur. Ces formes ont culminé au Pliocène et au Pléistocène avec des genres très spécialisés, dont le fameux *Smilodon* de Californie, de la taille d'un tigre.

LES MAMMIFÈRES MARINS

CÉTACÉS
ARCHAEOCÈTES
MYSTICÈTES
ODONTOCÈTES

PINNIPÈDES
ARCTOÏDES
MUSTÉLOÏDES

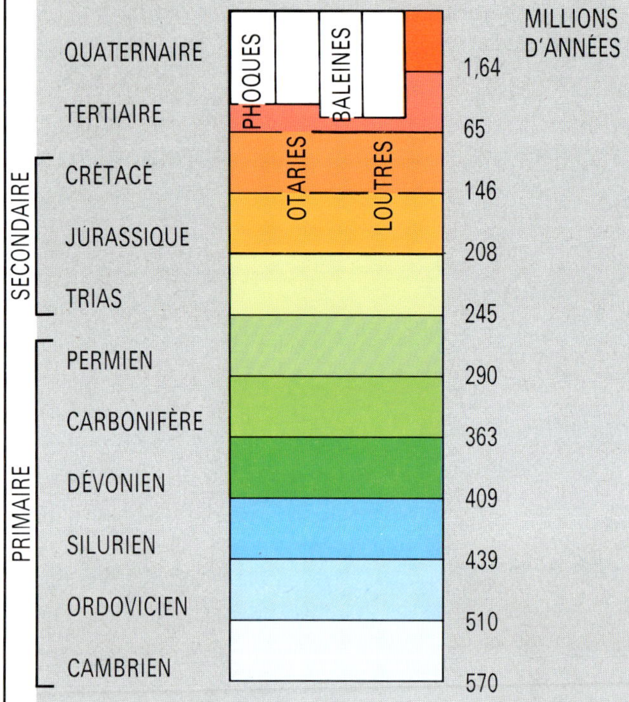

Les Cétacés (*cetus* = gros poisson), comme les Ongulés, dérivent à l'Éocène des Condylarthres (*kondulos* = renflement d'une jointure et *arthron* = articulation). Ces derniers étaient des mammifères à denture omnivore et membres pentadactyles pourvus de griffes, à dents larges et bulbeuses, apparus à la fin du Crétacé en Amérique du Nord et éteints au cours de l'Éocène *(Phenacodus, Orycteropus)*.

Des mammifères marins tels que baleines, phoques et otaries ont évolué à partir d'**ancêtres terrestres**. Ces ancêtres appartiennent à des groupes différents de sorte qu'ils sont eux-mêmes classés soit parmi les Cétacés, soit parmi les Pinnipèdes.

Le groupe originel de l'ordre des Cétacés est le sous-ordre des Archaeocètes (*arkaios* = à l'origine, primitif et *kêtos* = monstre marin), apparus dans l'Éocène moyen d'Afrique du Nord *(Protocetus)* et disparus à la fin de l'Oligocène. Leur denture les rapproche des Carnivores. À partir de ce groupe primitif, deux directions évolutives ont émergé, conduisant l'une aux Mysticètes (*mustax* = lèvre supérieure) ou cétacés à fanons (baleines), l'autre aux Odontocètes (*odous* = dent) ou cétacés à dents (cachalot, narval, marsouin, dauphin, orque).

Les **cétacés à fanons** (baleines, rorquals) ont une tête énorme par rapport au reste du corps. Or ils sont microphages, se nourrissant essentiellement de crustacés (le krill) et ce mode alimentaire a entraîné l'avortement des dents et le développement de fanons. Un fanon est une lame cornée issue de la gencive supérieure (d'où le nom de mysticète) et formée de poils raides englobés dans une substance molle. Ces poils forment un **filtre grossier** qui retient d'abord le krill dont se nourrissent les baleines, et qui permet ensuite de chasser l'eau de la bouche. Chez le rorqual, chaque fanon mesure 2 m, et il y en a environ 8 000 sur chaque demi-mâchoire.

Les **cétacés à dents** (nombreuses et toutes coniques), ou Odontocètes (*odous* = dent), sont très typés : corps effilé, crâne très grand à museau allongé, narines reculées, yeux très petits, membres antérieurs transformés et réduits mais avec de grandes phalanges aux doigts, membres postérieurs pratiquement disparus, nageoire caudale horizontale et parfois une dorsale, toutes deux sans soutien osseux. Ils comprennent en leur sein cachalots et dauphins qui

présentent une remarquable **convergence de forme avec les ichtyosaures**. Ce sont des prédateurs, se nourrissant de poissons, de calmars, d'oiseaux de mer, de phoques et même de baleines. Selon les genres, la taille moyenne varie de 2 à 15 m.

À un tout autre groupe, l'ancien ordre des Pinnipèdes (*pinna* = nageoire et *pes* = pied), appartiennent les otaries, les phoques et les loutres. On sait depuis peu que ce groupe est artificiel et qu'il faut distinguer les Arctoïdes (*arktos* = ours), ordre dans lequel ours et otaries sont cousins, et les Mustéloïdes (*mustela* = belette), ordre qui rassemble les phoques (et leur ancêtre *Potamotherium*) et les loutres. Au Miocène, *Enaliarctos* était une otarie à crâne d'ours et *Aivukis* un morse à défenses courtes.

▶ Basilosaurus *: ce cétacé primitif de l'Éocène supérieur d'Amérique du Nord avait plutôt une allure de reptile, avec un corps très allongé en arrière du thorax et quatre membres encore bien constitués quoique déjà réduits.* Cetotherium *par contre, genre miocène, présentait un corps plus conforme à l'idée qu'on se fait d'un cétacé moderne, avec ses membres postérieurs quasiment disparus et sa nageoire caudale horizontale.*

▶ Pakicetus *: bien que le corps de ce fossile n'ait peut-être pas eu exactement l'allure d'une baleine, c'est le plus ancien cétacé à fanons connu ; il provient de l'Éocène du Pakistan.*

Imagotaria

◀ *Si* Desmostylus, *avec ses grosses pattes porteuses, ressemble plus à un hippopotame qu'à un pinnipède, le phoque* Desmatophoca *et le morse* Imagotaria, *tous deux miocènes, avaient indéniablement un cachet très moderne.*

LES PÉRISSODACTYLES

TITANOTHÈRES
CÉRATOMORPHES
HIPPOMORPHES

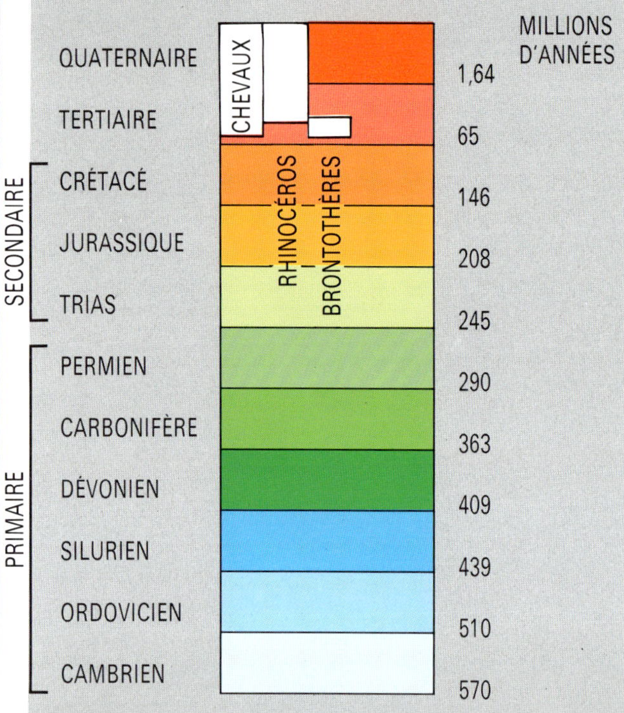

Outre les mammifères marins, les condylarthres ont aussi donné naissance sur tous les continents à une grande variété de groupes rapportés à l'ensemble des Ongulés, animaux possédant sabots ou onglons. Par simple commodité (car on sait aujourd'hui que c'est un découpage artificiel), on divise cet ensemble en deux ordres : les Périssodactyles, à nombre impair de doigts, et les Artiodactyles, à nombre pair de doigts.

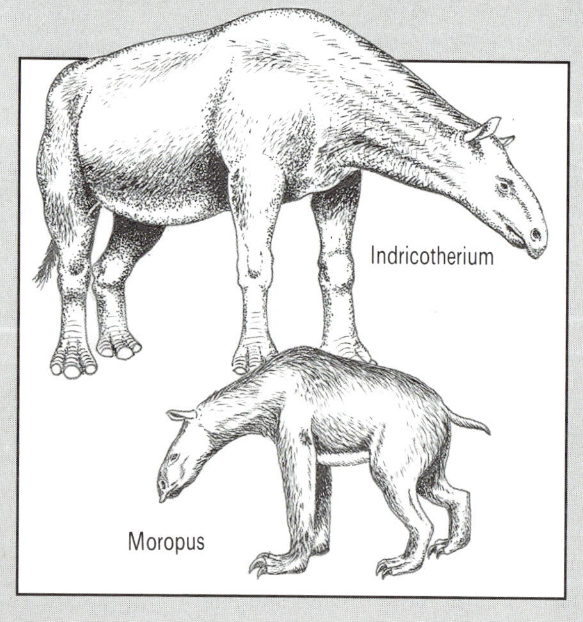

Les Périssodactyles (*perissos* = surabondant), ongulés à nombre impair de doigts, encore appelés Imparidigités, ont pu s'épanouir à la fois dans le milieu couvert des forêts et dans celui des immenses prairies du Paléogène, où les théropodes n'étaient plus là pour régner et où les mammifères carnassiers ne s'étaient pas encore imposés.

Apparus à l'Éocène, les premiers ongulés ont donné naissance non seulement aux formes actuelles, mais aussi au groupe fossile des titanothères. Parmi ces derniers : *Eotitanops*, genre éocène à allure de porc, hôte des forêts d'Amérique du Nord et d'Asie ; *Embolotherium*, forme oligocène de Mongolie, de la taille d'un éléphant et arborant une énorme corne nasale (résultant en fait de la fusion de deux cornes) ; et le fameux *Brontotherium* nord-américain, à corne en forme de Y (la fusion n'étant pas totale).

Certaines de ces formes fossiles, apparues à l'Éocène, sont à l'origine des tapirs et des rhinocéros. Les premiers se sont rapidement différenciés à l'Éocène, mais la plupart de leurs lignées se sont éteintes à l'Oligocène, ne survivant qu'à l'état de reliques dans les forêts tropicales humides. Les seconds ont eu leur apogée à l'Oligocène et au Miocène et sont à présent en voie de disparition. *Hyrachyus*, de l'Éocène nord-américain, avait l'allure d'un gros cochon ; *Teleoceras*, avec son corps énorme et ses courtes pattes ressemblait davantage à un hippopotame qu'à un rhinocéros et devait se nourrir de plantes aquatiques dans les rivières tumultueuses du Miocène.

Mais le groupe qui, dès l'Éocène, a le plus remarquablement progressé est celui des chevaux, progressivement et remarquablement adaptés à la course dans les espaces découverts des prairies de graminées. Le matériel fossile récolté en abondance a permis d'en retracer l'évolution avec précision, à partir de la petite forme éocène *Hyracotherium* (dont la taille variait de 25 cm à celle d'un poney des Shettlands) et suivant un enchaînement de formes de plus en plus grandes et de plus en plus véloces. Jouant sur des populations ayant conquis l'Europe, l'Afrique et les deux Amériques, l'évolution a porté d'une part sur la denture (avec transformation des prémolaires en molaires, celles-ci devenant de plus en plus hautes), d'autre part sur les membres (avec allongement de la phalange centrale, l'articulation de la patte s'élevant de plus en plus au-dessus du sol).

◀ Indricotherium, *de l'Oligocène asiatique ; de la taille d'une maison, le plus grand mammifère terrestre : 8 m de long, 5 ou 6 m de haut au garrot, quelque 30 t sur la bascule !* Moropus, *du Miocène ; sorte de cheval à grosses pattes qui agrippait les feuillages à l'aide de ses griffes.*

◀ Hyrachyus, *l'ancêtre éocène des cératomorphes, de la taille d'un mouton.* Coelodanta, *rhinocéros laineux du Pléistocène.*

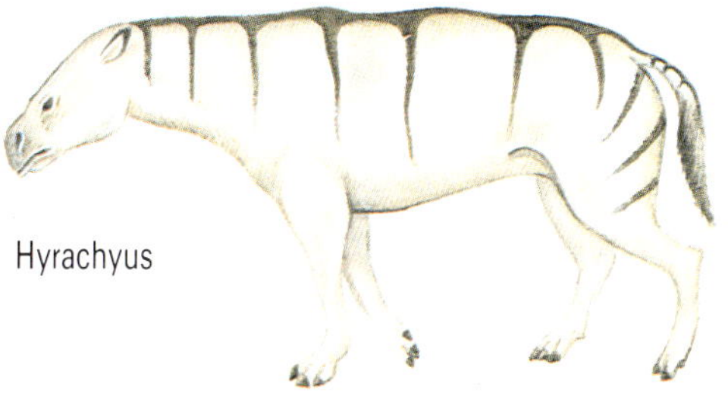

▼ *L'évolution des chevaux a été suivie grâce à un enchaînement de nombreuses formes fossiles. D'abord* Hyracotherium *(l'ancêtre),* Orohippus *et* Epihippus *à l'Éocène,* Mesohippus *et* Miohippus *à l'Oligocène ; puis de nombreuses formes au Miocène, dont* Anchitherium *et* Parahippus*, ou encore* Meryhippus *qui va d'abord donner au Miocène supérieur le fameux* Hipparion*, et au Pliocène* Pliohippus*, ancêtre direct du genre pléistocène et actuel* Equus.

▼ Dolicorhinus, *titanothère de l'Éocène. On a trouvé tout un gîte fossilifère de 25 squelettes en place dans le Wyoming, révélant qu'une crue subite a surpris un troupeau il y a 50 millions d'années.*

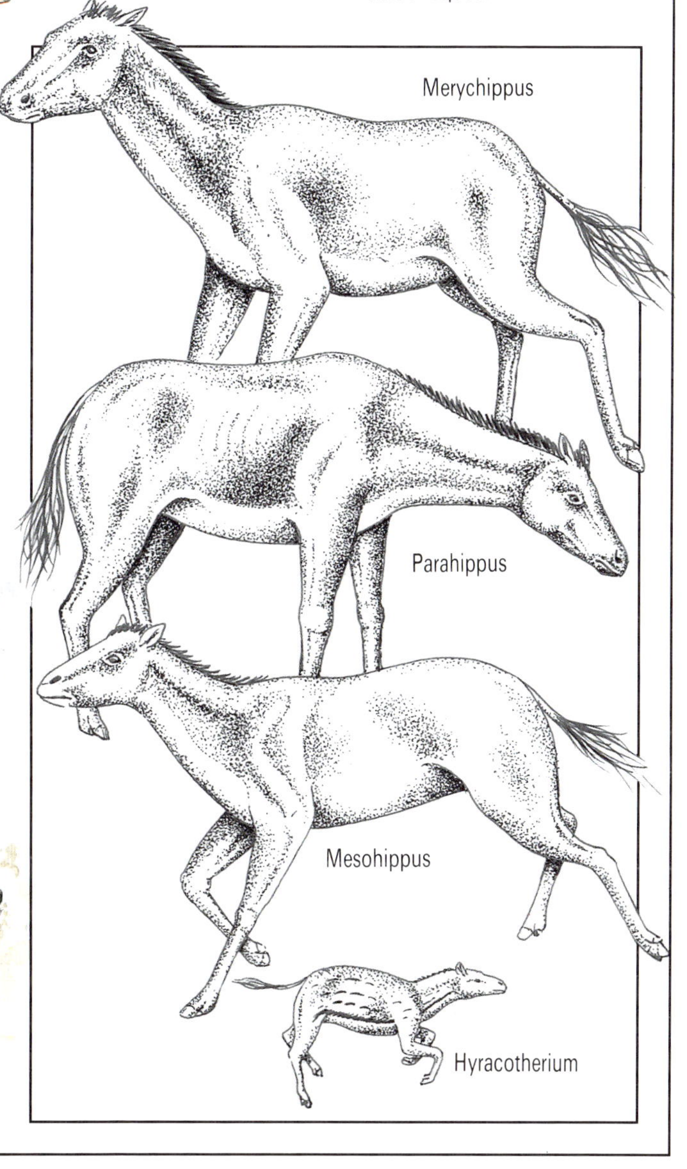

LES ARTIODACTYLES

SUIFORMES

TYLOPODES

RUMINANTS

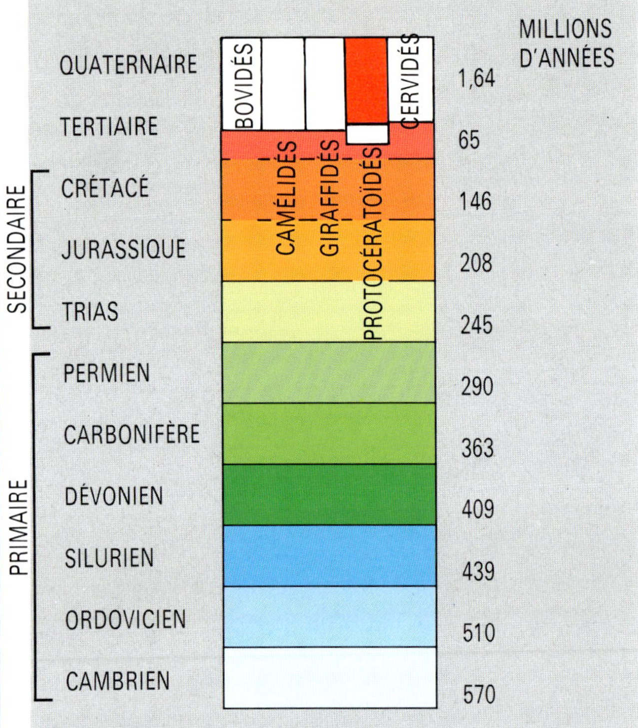

Les plus anciens artiodactyles sont peut-être les cochons et les pécaris. Ces formes fossiles se caractérisent par le développement de deux doigts seulement, le troisième et le quatrième qui, dès le début de leur histoire, ont eu tendance à devenir égaux et à dépasser les autres, lesquels ont d'ailleurs disparu plus ou moins vite selon les groupes. Ainsi, *Diacodexis*, forme européenne de l'Éocène inférieur, avait cinq doigts à chaque patte, et *Anoplotherium*, forme paléogène, en avait encore trois. *Dinohyus*, du Miocène américain, devait ressembler à un sanglier, mais avec des pattes plus longues.

Les Artiodactyles (*artios* = pair et *dactulos* = doigt) sont des ongulés ayant un nombre pair de doigts, pour cette raison encore appelés Paridigités. Leur succès évolutif est dû à l'acquisition d'une nouvelle fonction, la rumination, qui leur permettra de supplanter peu à peu les autres ongulés. Chez les ongulés, l'évolution de la denture est directement liée avec l'extension des plaines herbeuses, propice au régime herbivore. Très complexe chez les périssodactyles, elle l'est beaucoup moins chez les artiodactyles. En contrepartie, le tube digestif s'est augmenté d'une série d'organes particuliers : la panse, qui sert d'entrepôt provisoire pour la nourriture rapidement avalée avant d'être régurgitée et longuement mastiquée et prédigérée en bouche (ruminée) ; le feuillet et la caillette où se poursuit la digestion des protéines.

Le premier ensemble d'artiodactyles modernes est représenté par le sous-ordre des Suiformes. L'histoire des sangliers, phacochères et des pécaris commence à l'Oligocène moyen ; celle des hippopotames n'est bien connue qu'à partir du Pliocène.

Le second sous-ordre est celui des Tylopodes, sans sabots ni cornes, à la marche semi-digitigrade. Un groupe exclusivement fossile, celui des Protocératoïdes, s'est développé en Amérique du Nord entre l'Oligocène inférieur et le Pliocène. Un autre groupe, celui des Caméloïdes, est apparu à l'Éocène : ce sont les camélidés, originaires d'Amérique du Nord où ils

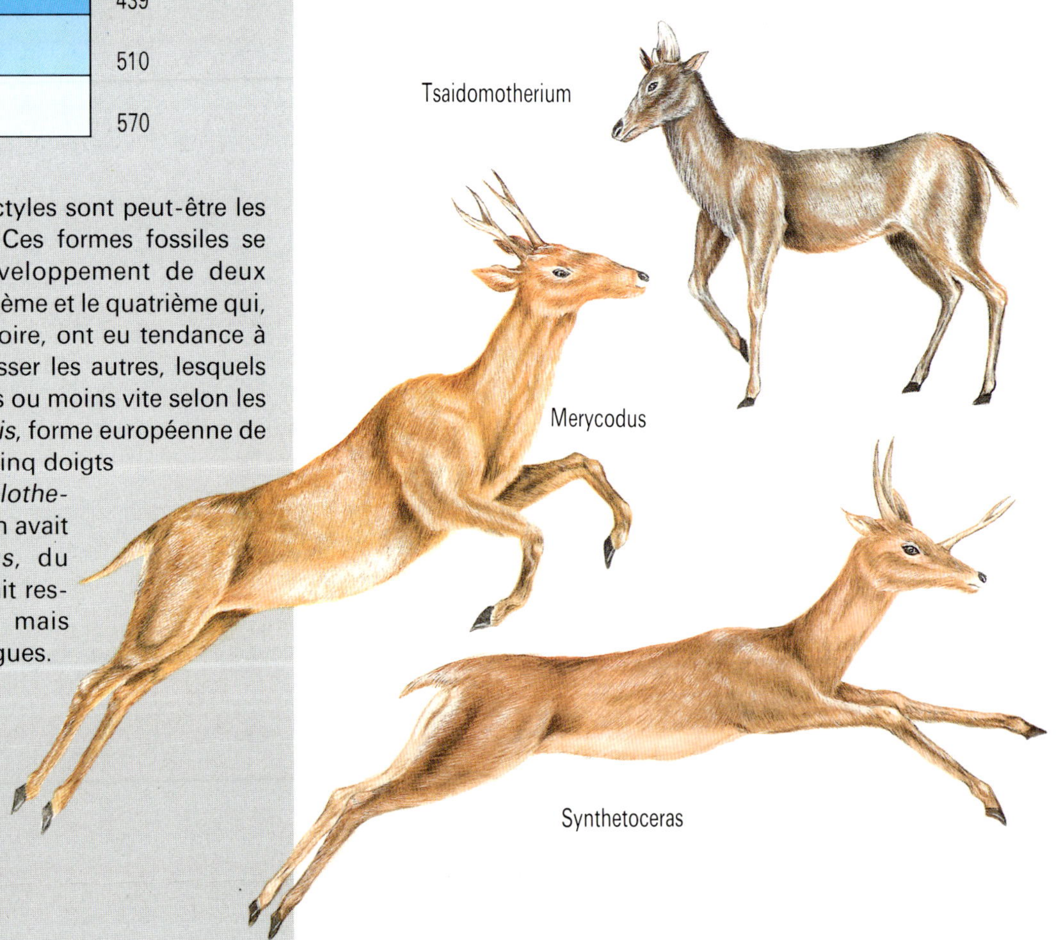

ont évolué pendant tout le Tertiaire. Ce n'est qu'au Quaternaire qu'ils ont émigré en Amérique du Sud (lamas) et dans l'Ancien Monde (chameaux), s'éteignant dans leur contrée d'origine.

Troisième sous-ordre : les Ruminants. Pas d'incisives à la mâchoire supérieure, des canines réduites et même souvent absentes sur cette même mâchoire, à moins qu'elles ne soient au contraire allongées en crocs défensifs (mâles des chevrotains et des porte-musc). La taille des ruminants varie de celle des plus petites gazelles, qui pèsent une dizaine de kilos, à celle des gros bovins qui avoisinent la tonne. On y distingue six familles, dont celles des Cervidés, des Giraffidés et des Bovidés.

Les ancêtres des cervidés actuels (cerf, daim, élan, renne, chevreuil) ont eu une histoire très compliquée. Les plus anciens avaient encore des crocs (*Blastomeryx* en Amérique du Nord, *Amphitragulus* en Europe) mais pas de bois ; d'autres au contraire ont développé leurs bois et perdu corrélativement leurs canines (*Procervulus* du Miocène européen). Les giraffidés ne comptent plus que deux espèces actuelles (la girafe et l'okapi), mais on connaît plus de 15 genres fossiles datant du Néogène (*Sivatherium* du Pléistocène indo-africain). Quant aux bovidés (bisons, buffles et bœufs, antilopes et gazelles, chèvres et moutons), eux-mêmes subdivisés en 6 sous-familles tant est grande leur diversité, ils ne sont importants que depuis le Pliocène.

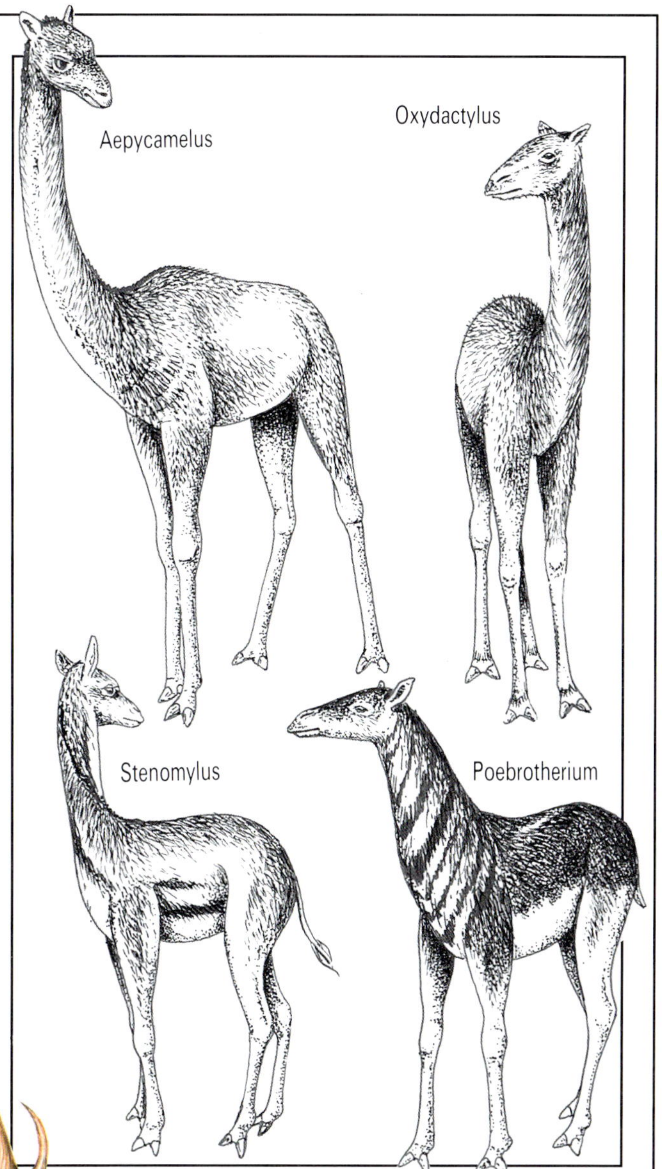

▲ *Les chameaux et formes affines ont été durant le Tertiaire un groupe plus important qu'ils ne le sont de nos jours. Ci-dessus :* Poebrotherium, *un ancêtre des chameaux des plaines ;* Aepycamelus *et* Oxydactylus, *à cou de girafe ;* Stenomylus *à la légèreté d'une gazelle.*

◄ *Les brouteurs sont aujourd'hui la forme dominante parmi les végétariens. Ci-contre :* Merycodus, *ancêtre des daims ;* Synthetoceras, *avec une corne nasale bifide ;* Cranioceras, *avec une corne plantée sur la nuque ;* Megaceros, *un cervidé pléistocène dont les empaumures des bois pouvaient atteindre 4 m d'envergure.*

LES ÉLÉPHANTS

MOÉRITHÉRIOÏDÉS
ÉLÉPHANTOÏDÉS
DÉINOTHÉRIOÏDÉS

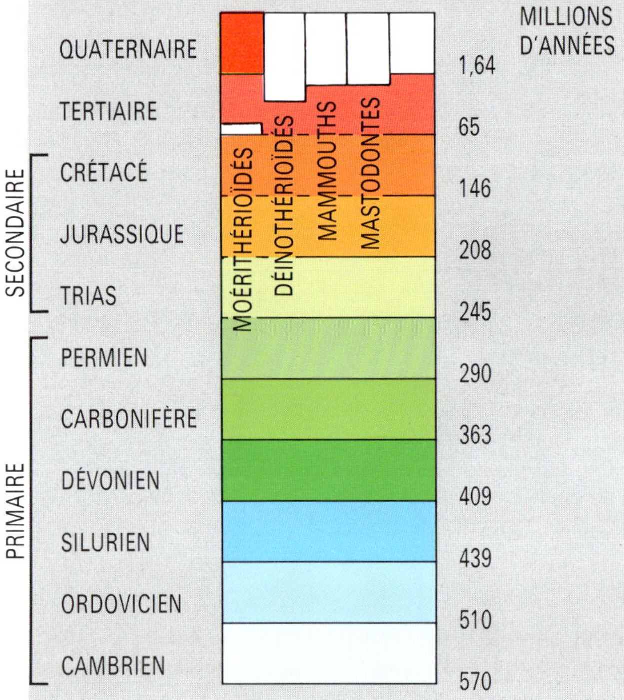

La trompe de l'éléphant est formée de muscles appartenant à la lèvre supérieure et se termine par deux grandes narines. N'étant pas fossilisable, on peut en reconstituer la forme probable en observant le squelette antérieur du crâne, en particulier la forme des défenses et celle des mâchoires.

Animaux grands et lourds, digitigrades, avec des pattes à cinq sabots et une lèvre supérieure allongée en **trompe** préhensile, les éléphants (au sens large du terme) ou proboscidiens ont un crâne de grande taille à os pneumatisés et une dentition très particulière. Chez l'éléphant actuel, il ne reste des dents antérieures que deux incisives transformées en **défenses** (canines absentes), et les molaires se succèdent une à une dans le temps sur chaque demi-mâchoire. Ces molaires sont formées de nombreuses lames d'émail transversales et parallèles.

Ce **groupe peu diversifié** est représenté en Algérie dès l'Éocène inférieur. C'est au Miocène supérieur qu'ils ont migré de l'Asie vers l'Amérique du Nord. Les mastodontes, apparus à l'Oligocène, ont engendré les stégodontes et les éléphantidés, avec plusieurs espèces.

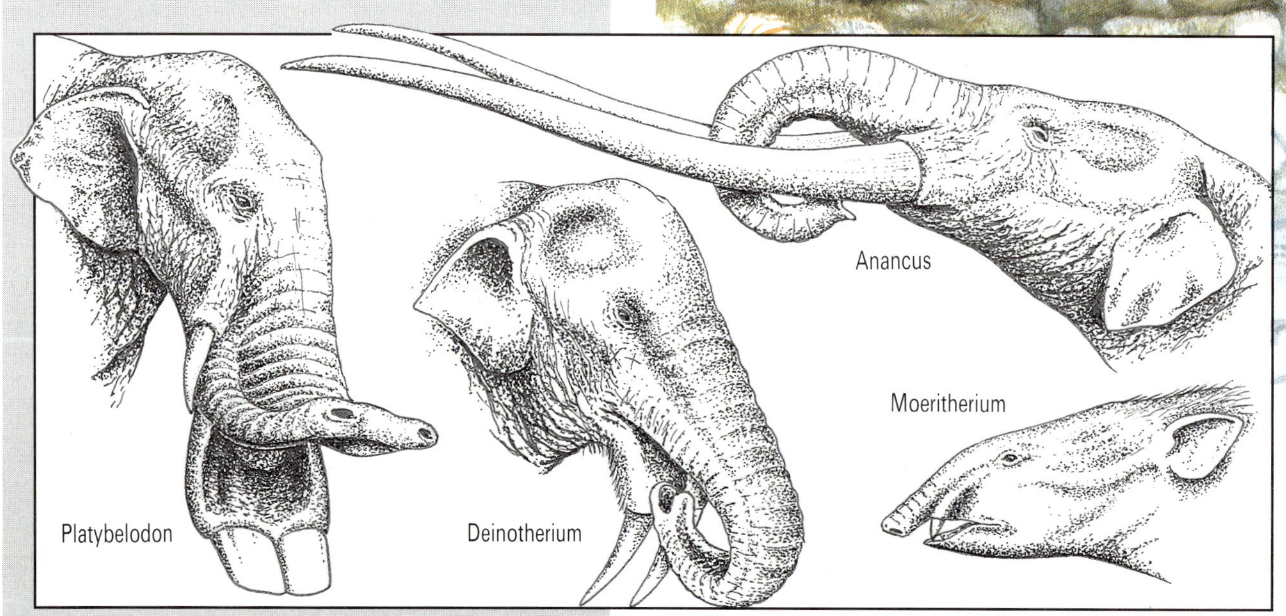

Gomphotherium, à la mâchoire inférieure très allongée et quatre défenses à peine recourbées, représente la famille des mastodontes dans tout le Néogène de l'hémisphère Nord. *Platybelodon*, genre nord-américain, avait une symphyse mandibulaire allongée et élargie en forme de pelle, portant de longues incisives plates, concaves et tranchantes. Au Pliocène, *Anancus* est au contraire une forme brévirostre, avec de longues défenses supérieures, parfois recourbées vers le haut et l'extérieur.

Au Pliocène sont apparus les premiers éléphantidés. Ils avaient un crâne aux os épais et spongieux, de courtes mâchoires, deux longues défenses à la mâchoire supérieure, une longue trompe, et possédaient d'énormes **molaires à poussée oblique** s'usant progressivement d'avant en arrière.

Avec l'arrivée des **glaciations quaternaires**, les éléphantidés ont dû s'adapter à de rigoureux climats, ainsi *Mammut*, caractérisé par une **épaisse toison laineuse** et de longues défenses incurvées servant à fouiller dans la neige et à déterrer les racines. Autre mastodonte, *Mammuthus* ressemblait beaucoup à nos éléphants actuels, mais avec une toison brune atteignant 50 cm d'épaisseur et recouvrant une couche graisseuse de 7,5 cm. Première glaciation : *M. planifrons*, de l'Inde, forme intermédiaire entre *Stegodon* et l'éléphant d'Afrique actuel *Loxodonta*. À partir de la deuxième glaciation : *M. primigenius*, qui nous est connu non seulement par des squelettes mais aussi par des **cadavres congelés** dans les glaces de Sibérie et par les **images** qu'en ont laissées les hommes du Moustiérien.

▲ *Les différents types de proboscidiens ont évolué à partir d'une forme primitive à allure de cochon,* Moeritherium. *Les variations ont notamment porté sur les dents antérieures, comme* Platybelodon, Anancus *et* Deinotherium. *Ce dernier, genre cosmopolite, connu du Miocène au Pléistocène en Europe, en Afrique et en Asie, appartient à une lignée dérivée. Il avait des molaires primitives et des défenses à la mâchoire inférieure, recourbées vers l'arrière.*

◀ *Durant les quatre périodes glaciaires du Pléistocène, se sont développées des formes adaptées aux très grands froids, les mammouths, protégés par une épaisse toison laineuse.*

LES MAMMIFÈRES RONGEURS

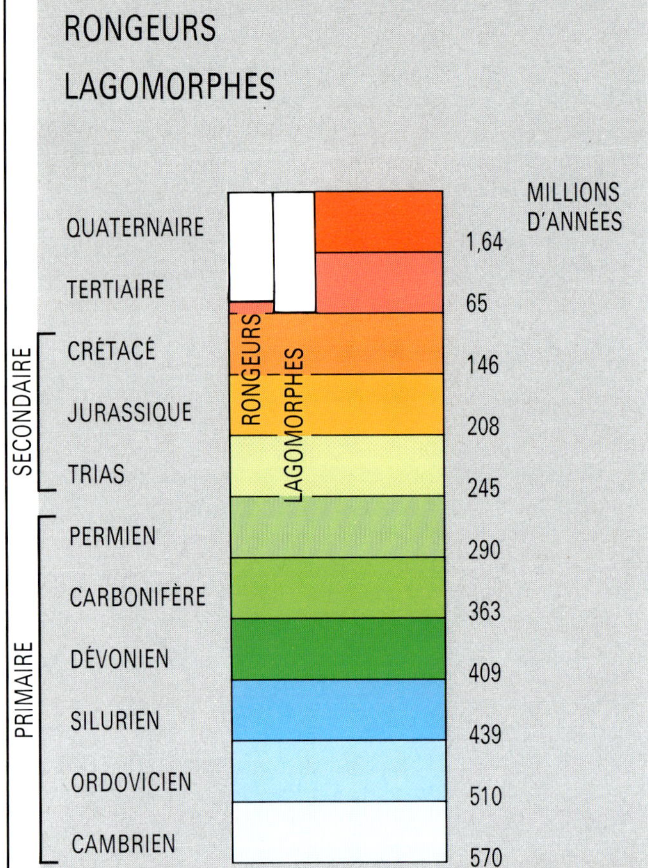

La classification des rongeurs souffre de nombreuses incertitudes. Les spécialistes n'arrivent pas au même résultat selon qu'ils basent cette classification sur la dentition ou sur la structure du crâne et la musculature masticatrice. Retenons ici simplement trois sous-ordres : les Sciuromorphes (écureuil, marmotte, castor : ce sont les formes les plus primitives), les Myomorphes (rat, souris, hamster, campagnol, gerboise) et les Hystricomorphes (porc-épic, cobaye, cabiai, ragondin, chinchilla).

L'ordre des Rongeurs réunit des mammifères de **taille plutôt petite** (le cabiai, forme actuelle d'Amérique du Sud, détient le record de poids avec 50 kg). L'allure générale du corps est assez caractéristique : **museau allongé**, pattes courtes portant généralement des griffes, parfois des ongles ou des sabots, **longue queue**. La denture est très spécialisée, avec deux sortes de dents : à l'avant, **4 incisives tranchantes** à croissance continue, un espace (diasthème), puis 3 à 5 paires de dents jugales à replis d'émail transversaux, reliefs extraordinairement variés, combinaisons de sommets émoussés, de crêtes, de prismes et de lamelles. À l'inverse de ce qui caractérise les ruminants, les mouvements des mâchoires se font ici d'avant en arrière.

Les rongeurs connaissent depuis le début du Cénozoïque une remarquable extension et les 2 000 espèces actuelles représentent à elles seules **la moitié du stock des mammifères**. Herbivores ou omnivores, ils ont conquis tous les biotopes hors du milieu marin. Leur faible taille, leur grande fécondité et leur facilité d'adaptation expliquent cette réussite.

Les Lagomorphes (lièvres et lapins) sont un ordre différent sans lien de parenté directe avec les Rongeurs. Les ressemblances entre les deux groupes résultent d'un phénomène de convergence. À noter, parmi les différences : des membres postérieurs longs et puissants, une queue courte et un déplacement transversal des mandibules.

Au début du Cénozoïque, les rongeurs étaient arboricoles, tel *Ischyromys*, de l'Éocène nord-américain, à allure d'écureuil. Puis certaines formes ont gagné le sol, comme *Epigaulus*, forme également nord-américaine mais néogène, à mœurs de marmotte. Des genres sont devenus fouisseurs, comme *Palaeofiber*, sorte de castor dont on a retrouvé les terriers dans le Miocène du Nebraska. À cet ensemble de sciuromorphes appartient une forme pliocène géante, *Protohydrochoerus*, aux mœurs d'hippopotame, ayant peuplé les rivières d'Afrique du Sud.

Autre rongeur fossile, découvert dans le Paléocène de Mongolie, mais non apparenté aux précédents, *Eurymylus*, l'un des premiers représentants de l'ordre des Lagomorphes, précurseur des lapins. Sa mâchoire supérieure présentait 4 incisives, et non 2 comme chez les vrais Rongeurs.

Ischyromys

Epigaulus

On désignait autrefois sous le nom de Daemonelix *(tire-bouchons du diable) de curieux tubes verticaux fossilisés dans le sol suivant un dessin hélicoïdal. On sait à présent qu'il s'agit de terriers creusés par des rongeurs à allure de castor tels que* Palaeofiber *et* Palaeocastor. *Il existe de nombreuses formes de castors fossiles. Les formes actuelles sont amphibies.*

Protohydrochoerus

Paleaolagus

Sivacanthion

Rongeurs et lagomorphes ont proliféré au cours du Cénozoïque. Ci-contre, Ischyromys, *l'un des premiers rongeurs à allure d'écureuil ;* Protohydrochoerus, *de la taille d'un hippopotame ;* Epigaulus, *fouisseur avec une paire de cornes en arrière du museau,* Palaeolagus, *le premier lapin découvert dans l'Oligocène ;* Sivacanthion, *le plus ancien porc-épic connu.*

LES ÉDENTÉS

PALÉANODONTES
XÉNARTHRES
PHOLIDOTES
TUBULIDENTÉS

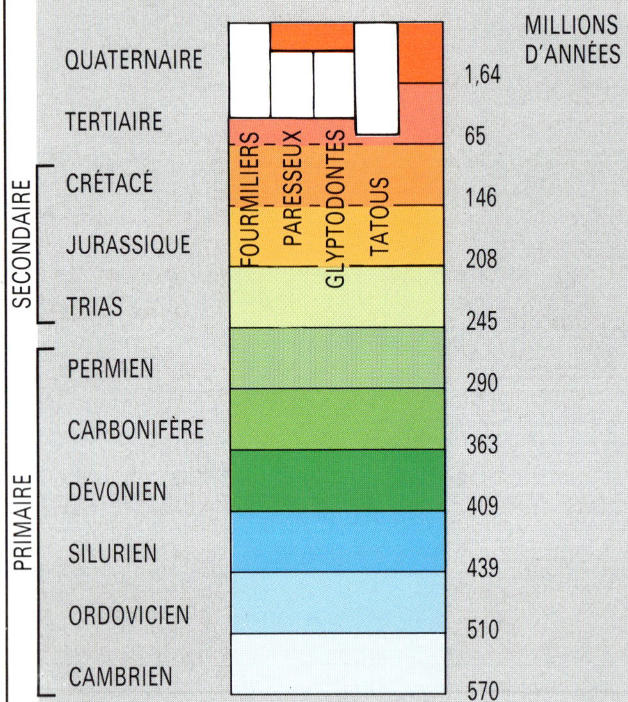

La plupart des animaux insectivores sont de petite taille, ce qui leur permet de se nourrir de proies minuscules qu'ils chassent une à une. Ceux qui, par contre, consomment des insectes sociaux (fourmis, termites, abeilles) sont de plus grande taille, du fait que leurs proies sont concentrées en un même lieu.

L'ordre des Édentés est un **groupe composite** réunissant divers mammifères placentaires dépourvus de dents ou possédant des dents aberrantes, mais n'ayant entre eux aucun lien de parenté. Les édentés actuels appartiennent à trois groupes différents : les Tubulidentés (oryctéropes), ensemble très particulier d'animaux insectivores ; les Pholidotes (pangolins), au corps recouvert de larges écailles épidermiques cornées (*pholis* = écaille) ; enfin les Xénarthres qui doivent leur nom à une structure particulière de leurs vertèbres postérieures (*ksénos* = étranger et *arthron* = articulation).

Les **Pholidotes**, dont l'origine est inconnue, ont un corps recouvert d'écailles cornées rappelant celles des reptiles, un museau cylindrique, de très petites orbites, des mains armées de fortes griffes, une longue queue. La plupart des pièces fossiles sont des membres isolés. Le groupe des **Tubulidentés**, tout aussi énigmatique, n'est plus représenté que par l'oryctérope, unique espèce du sud de l'Afrique, se nourrissant de termites. La structure interne des dents est tout à fait originale, faite de nombreux tubes juxtaposés. Les premiers tubulidentés, probablement fouisseurs, datent du Miocène d'Afrique.

Le groupe des **Xénarthres** est le mieux représenté et l'on peut le diviser en trois sous-groupes : les Cingulates, les Tardigrades et les Vermilingues. Les formes actuelles, toutes sud-américaines, sont elles-mêmes classées dans trois familles différentes : celle des paresseux (inconnus à l'état fossile) ; celle des tatous, au corps protégé sous une armure souple, au museau allongé pourvu de dents cylindriques, et aux membres antérieurs puissants pourvus de griffes ; celle enfin des fourmiliers, insectivores connus depuis le Miocène, dépourvus de dents. Aux Xénarthres il faut probablement associer les Paléoanodontes (*Metacheiromys*, qu'on rapproche parfois des pangolins), exclusivement fossiles (Paléocène supérieur à Oligocène d'Amérique du Nord).

◄ Metacheiromys, *le plus ancien édenté connu, ressemblait à une mangouste. Parmi les formes plus tardives, aux pattes armées de puissantes griffes,* Hapalops *avait la taille d'un gros chat ; il se dressait pour atteindre les basses branches ou labourait le sol pour y déterrer des racines.* Mylodon *avait la taille d'un mouton ; on a retrouvé des restes de peau momifiés avec des poils et des plaques osseuses, récoltés au sud du Chili dans des grottes et vieux d'environ 9 000 ans.*

Sur l'immense territoire insulaire que constituait encore l'Amérique du Sud, vivaient au Miocène des tardigrades de taille moyenne *(Hapalops, Mylodon)*. Au Pléistocène s'y sont développées des formes géantes *(Megatherium)*. Lorsqu'un pont terrestre a relié les deux Amériques, des populations se sont établies en Amérique du Nord (*Glossotherium*, récolté en Californie). Parmi les cingulates, se placent des édentés à allure de tatou, à carapace osseuse faite d'un joli pavage en mosaïque (*gluptos* = gravé) rappelant celle des ankylosaures *(Glyptodon, Doedicurus)*. Rares au Tertiaire, ils ont été abondants et plus grands (jusqu'à 4 m) au Pléistocène (*Peltephilus*, doté d'une paire de cornes nasales). *Stegotherium* avait la tête d'un fourmilier et *Eurotamandua* était tout à fait semblable aux vermilingues actuels.

▶ *Les édentés sud-américains avaient des formes bizarres. Parmi les glyptodontes, herbivores à allure de tatou,* Glyptodon *portait une carapace osseuse hémisphérique rigide, à petites plaques polygonales soudées, un couvre-chef protégeait son crâne, et sa queue était enserrée dans des anneaux osseux. Chez* Doedicurus, *la queue portait un bouquet d'épines.* Glyptotherium *possédait une courte trompe.*

LES MAMMIFÈRES D'AMÉRIQUE DU SUD

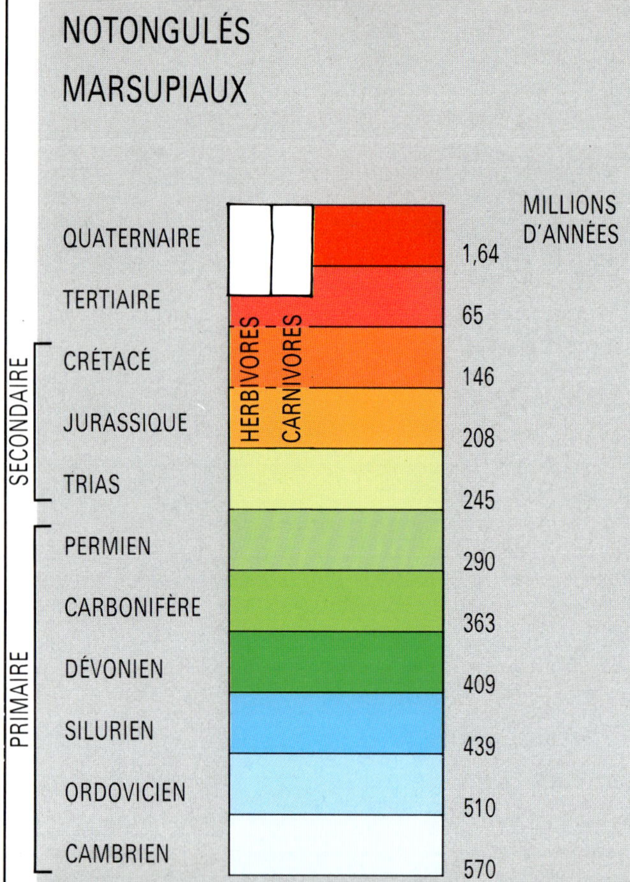

Il y a environ 5 millions d'années, un pont a été établi entre les deux Amériques. Quelques-uns des étranges mammifères qui peuplaient l'Amérique du Sud ont migré vers le nord : l'opossum en est un vivant témoignage. Mais c'est principalement dans le sens nord-sud que l'isthme américain a vu défiler les populations de mammifères. Une fois installés en Amérique du Sud, qui demeura dans son ensemble un continent isolé, les espèces d'origine nord-américaine y subirent une évolution originale qui engendra le groupe très spécial des Notongulés.

Si, en Amérique du Nord et en Eurasie, les condylarthres ont engendré les périssodactyles et les artiodactyles, ils ont évolué différemment en Amérique du Sud, donnant **trois groupes originaux d'ongulés** (Astrapothères, Notongulés et Litopternes) qui subsisteront jusqu'au début du Quaternaire. Ils seront finalement éliminés par l'arrivée de placentaires plus évolués.

Les **Astrapothères** (*astrapê* = éclair et *thêrion* = animal sauvage) constituent un ordre de mammifères répandus en Amérique du Sud du Paléocène au Miocène. Ils possédaient un museau court, avec une trompe et des narines reculées, des molaires rappelant celles des rhinocéros, des canines développées en défenses. Certains se nourrissaient de plantes aquatiques *(Astrapotherium)*.

Les **Notongulés** possédaient des membres tridactyles pourvus de sabots et une boîte crânienne petite

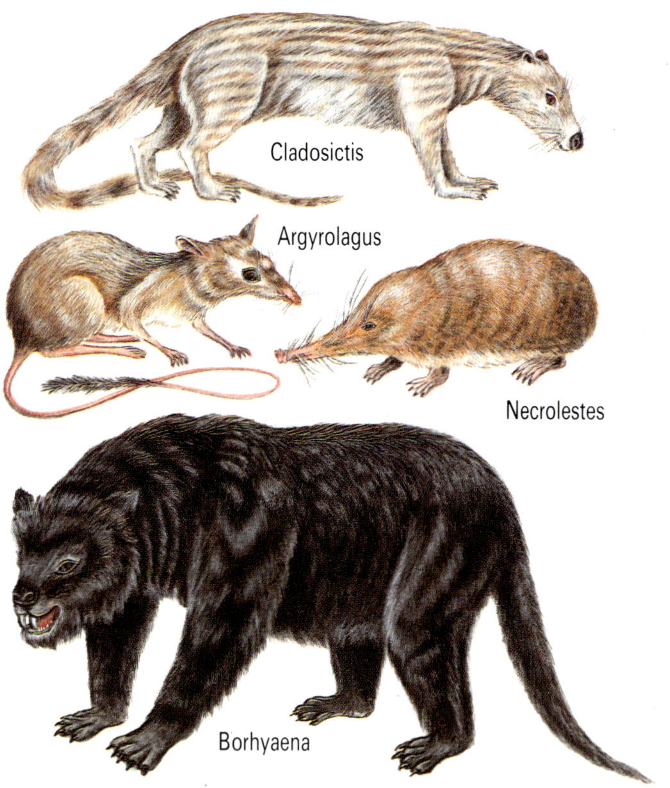

▲ *Quelques marsupiaux :* Cladosictis *bondissant à la poursuite de petits mammifères ou reptiles, ne dédaignant pas pour autant les œufs d'oiseaux ;* Necrolestes *à allure de taupe ;* Borhyaena, *faisant penser à un autre marsupial carnassier, le loup de Tasmanie ;* Thylacosmilus, *à allure de félin,* Argyrolagus, *inoffensif herbivore à allure de gerboise.*

et piriforme. Leurs nombreuses familles représentent un buissonnement considérable de brèves lignées. Apparus au Paléocène en Asie et en Amérique, ils ont subsisté jusqu'au début du Quaternaire en Amérique du Sud seulement (*Notos*, région du Sud). Parmi ces formes sud-américaines, citons *Protypotherium*, qui aurait pu se faire passer pour un lapin, ou *Thomashuxleya*, à allure de phacochère. *Homalodotherium* se dressait sur ses pattes arrière, agrippant les branchages avec ses longs membres antérieurs, tout comme *Toxodon* au Pléistocène, énorme bête à allure d'hippopotame.

Troisième ordre, celui des **Litopternes**, lui aussi fort diversifié, notamment avec des formes comparables aux périssodactyles de l'hémisphère Nord. Étonnante convergence de forme avec celle des chevaux que montrent leurs membres monodactyles (*litos* = simple et *pterna* = talon), qui n'ont gardé comme eux que le troisième doigt bien développé. Tel est le cas d'une petite forme (70 cm) du Miocène, *Thoatherium*.

Au voisinage des Caraïbes se situe le berceau d'un autre groupe, celui des Marsupiaux. À la fin du Crétacé, trois familles étaient déjà bien différenciées, ce qui laisse supposer que leur origine remonte au Crétacé inférieur. Des récoltes de crânes et os divers associant marsupiaux et placentaires ont été faites récemment dans le Crétacé supérieur (ou le Paléocène ?) de Bolivie ; leur étude est en cours. Beaucoup de ces marsupiaux étaient des prédateurs. *Cladosictis*, forme oligocène, ressemblait à une mangouste. *Borhyaena*, forme miocène, avait comme son nom l'indique l'allure d'une hyène. *Thylacosmilus*, mio-pliocène, ressemblait à un félin, avec d'énormes crocs à la mâchoire supérieure. *Argyrolagus*, par contre, était un petit marsupial herbivore.

▲ Thoatotherium, *à mâchoires d'herbivores et à pattes terminées par un sabot simple, courait dans les vastes étendues herbeuses.* Astrapotherium *était un herbivore semi-aquatique de la taille d'une vache, avec un corps allongé, des pattes courtes et une petite trompe comme celle des tapirs.*

LES MAMMIFÈRES D'AUSTRALIE

MARSUPIAUX

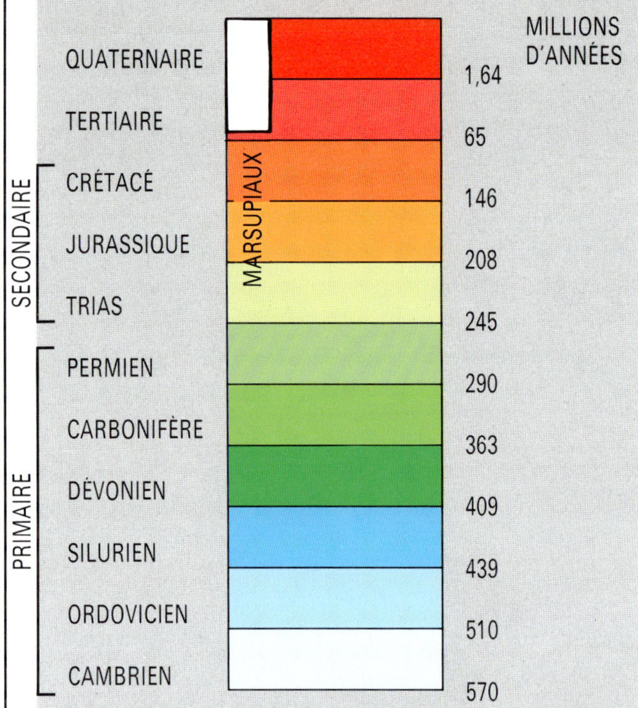

Certains mammifères sont caractérisés, chez la femelle, par la mise bas d'une larve qui, sortant précocement de l'utérus, gagne une poche spéciale appelée **marsupium** (*marsupial* = petit sac), s'accroche à une mamelle et y poursuit son développement. Ces mammifères sont réunis dans la sous-classe des Marsupiaux, encore appelés Métathériens (ainsi distingués de mammifères plus primitifs ou Protothériens comme les ornithorhynques, et de mammifères considérés comme parfaitement accomplis, les Euthériens). On divise les Marsupiaux en plusieurs ordres, tous australiens, sauf celui, américain, des Didelphoïdes (avec l'opossum ou sarigue). **Pourquoi cette répartition ?**

Lorsque au Pliocène un isthme a définitivement

Il est remarquable de constater que dans les régions qu'ils peuplèrent seuls, les marsupiaux évoluèrent de la même manière que les euthériens : on connaît en effet des rats-opossums, des souris-kangourous, des taupes marsupiales, et encore des chats, des ours, des fourmiliers... que l'on qualifie pareillement de marsupiaux. Et s'il n'y eut pas de marsupiaux marins ou de chauves-souris marsupiales, c'est que les cétacés et les siréniens ou les vraies chauves-souris occupaient les milieux correspondants.

▶ *Quelques marsupiaux fossiles d'Australie :* Procoptodon, *kangourou géant ;* Diprotodon, *wombat de la taille d'un ours ;* Zygomaturus, *ressemblant au précédent, mais avec deux paires de cornes ;* Palorchestes, *à allure de tapir, avec une trompe et des griffes ; enfin* Thylacoleo, *version marsupiale du lion.*

relié les deux Amériques, les marsupiaux (probablement originaires de la région des Caraïbes) se sont répandus dans la guirlande Amérique du Nord - Amérique du Sud - Antarctide - Australie - Tasmanie - Nouvelle-Guinée. Les spécialistes ne sont pas tous d'accord sur les différentes étapes de ces cheminements. Quoi qu'il en soit, les marsupiaux se sont diversifiés à l'extrême dans la province australienne, longtemps **protégés de la concurrence des autres mammifères**.

Parmi les formes fossiles, *Diprotodon* était un herbivore terrestre de la taille d'un ours, sorte de wombat à dents de rongeurs et griffes puissantes indispensables pour creuser des terriers. Autre herbivore, *Palorchestes* avait la taille d'une vache, mais possédait des fortes griffes et un museau allongé en trompe comme chez les tapirs. *Thylacoleo* quant à lui ressemblait fort à un lion et *Thylacinus* à un loup. Pour ce dernier, « fossile vivant » réfugié en Tasmanie, on ne sait trop s'il en subsiste encore des représentants (l'un des derniers sinon le dernier étant mort en captivité en 1934). Quant aux kangourous, les plus typiques des marsupiaux actuels, qui bondissent par troupes dans les grandes plaines herbeuses d'Australie, ils ont parmi leurs ancêtres un certain *Procoptodon*. C'était un animal haut de 3 m, à museau court, à queue épaisse mais également courte, et particulièrement lent, qui aurait sans doute mérité le nom de paresseux.

À L'ORIGINE DES PRIMATES

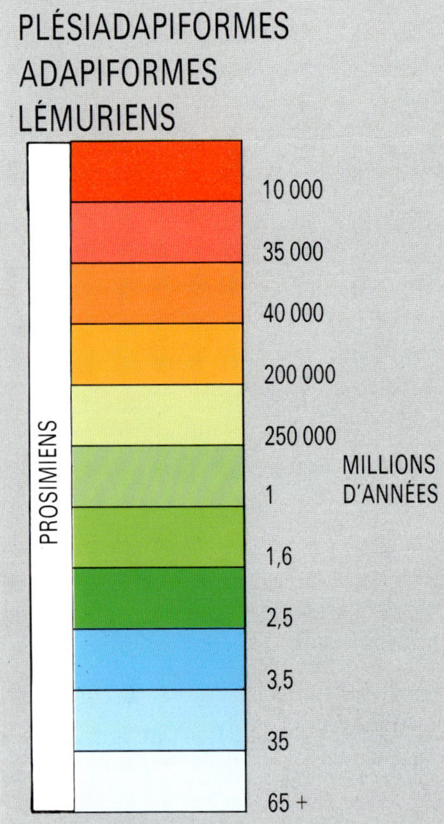

On divise l'ordre des Primates en deux ensembles, selon qu'ils possèdent une truffe (les Strepsirhiniens : de *streptos* = contourné, arrondi et *rhis* = nez) ou un nez (les Haplorhiniens : de *haploos* = simple). Les premiers comprennent des formes exclusivement fossiles du début de l'ère Tertiaire, et tous les lémuriens actuels. Les seconds réunissent les singes d'Amérique du Sud et ceux de l'Ancien Monde.

Avec l'émergence des primates s'est amorcé un phénomène capital dans l'histoire de l'évolution du Monde vivant : l'**hominisation**. Les primates sont des mammifères euthériens généralement plantigrades, arboricoles ou bipèdes, omnivores, dotés de mamelles pectorales ; mains et pieds ont des ongles plats et sont souvent préhensiles, le pouce et le gros orteil étant opposables aux autres doigts ; le museau est de forme variable ; la denture comporte deux paires d'incisives coupantes, des crocs (sauf chez l'homme) et des dents jugales aux reliefs émoussés ; on note une tendance à l'accroissement de la capacité crânienne et à la fermeture des orbites en arrière ; enfin, la réduction de la région nasale a permis le développement de la vision stéréoscopique. L'ordre des Primates est divisé en trois sous-ordres : les Lémuriens ou Prosimiens (ces animaux qui sont « avant les singes »), les Simiens et les Hominiens.

Les **prosimiens actuels** constituent le groupe relique d'une faune abondante au début du Tertiaire, réfugiée à Madagascar et dans quelques milieux forestiers d'Afrique et d'Asie. Dans l'île malgache, séparée de l'Afrique avant l'apparition des singes, les prosimiens sont les rois : on y a recensé une vingtaine de types de lémurs ; aucun autre groupe ne s'est autant diversifié depuis 40 millions d'années. Dans les forêts tropicales du Sud-Est asiatique et des Philippines, vit un petit quadrupède frugivore et insectivore à allure de musaraigne, le toupaye ; ce serait le descendant d'un groupe-frère de tous les autres primates.

Issus de formes du Crétacé tardif encore très proches des insectivores, les **prosimiens fossiles** sont rapportés à deux groupes : les Plésiadapiformes du Paléocène à l'Éocène de l'hémisphère Nord, petites formes à museau allongé présentant quelques convergences avec les Multituberculés (p. 78) ; et les Adapiformes de l'Éocène des mêmes régions, qui paraissent bien être les ancêtres des lémuriens actuels. Toutefois, l'absence de fossiles entre l'Éocène et le Quaternaire ne permet pas de reconstituer leur histoire avec certitude.

◀ *Les scientifiques pensent qu'un mammifère tel que* Purgatorius, *qui vécut il y a 65 ou 70 millions d'années, était peut-être un primate encore très proche des insectivores. Un genre tel que* Plésiadapis *pourrait en être un descendant ; avec sa longue queue touffue et ses pattes griffues, il avait plutôt l'allure d'un écureuil ; il vivait au Paléocène en Amérique du Nord, se nourrissant probablement de feuillages, de fruits et de graines.*

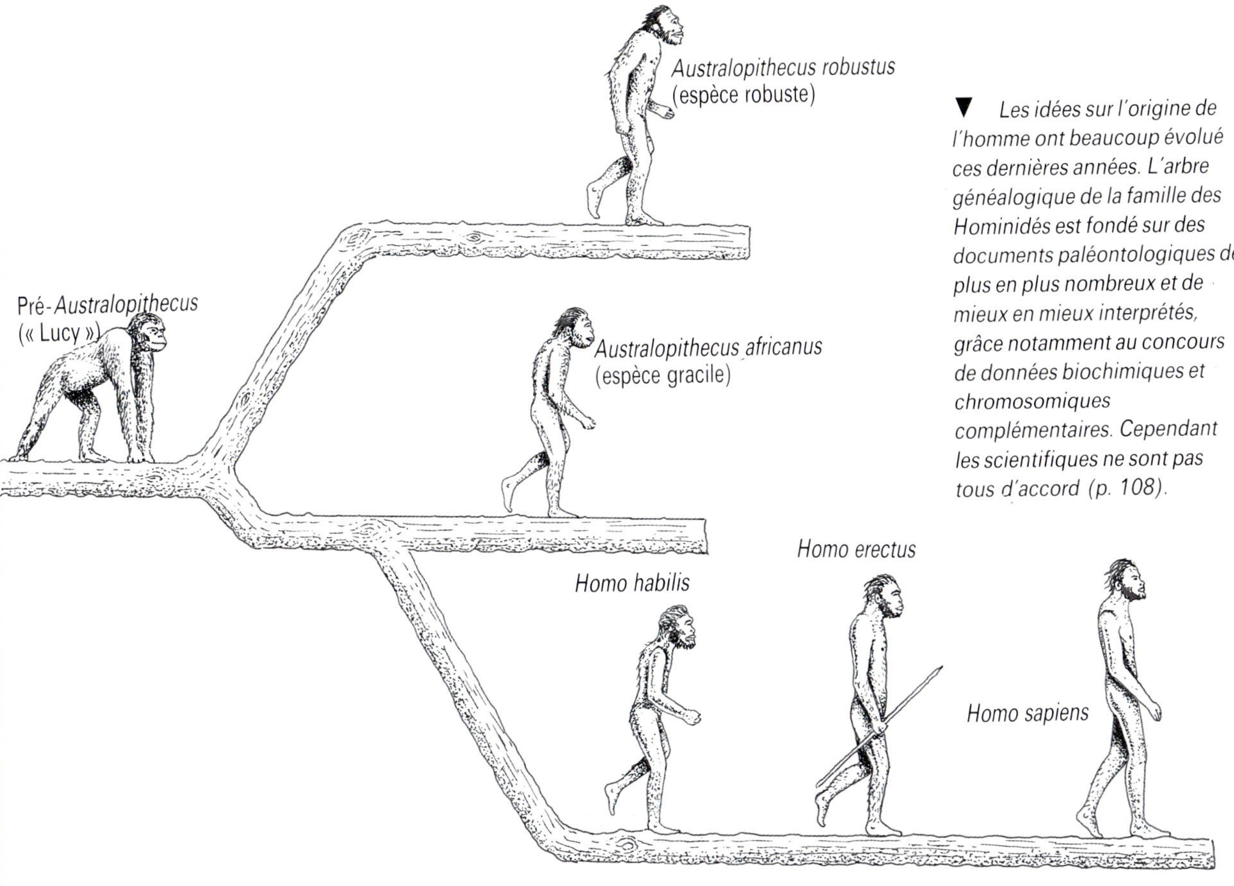

▼ *Les idées sur l'origine de l'homme ont beaucoup évolué ces dernières années. L'arbre généalogique de la famille des Hominidés est fondé sur des documents paléontologiques de plus en plus nombreux et de mieux en mieux interprétés, grâce notamment au concours de données biochimiques et chromosomiques complémentaires. Cependant les scientifiques ne sont pas tous d'accord* *(p. 108).*

▶ *Les prosimiens étaient fort nombreux il y a 50 millions d'années, avant que les singes ne les privent de cette suprématie numérique. Durant l'Éocène supérieur, le lémurien* Notharctus *et le tarsier* Necrolemur *vivaient en Europe. À Madagascar,* Megaladapis *a disparu voici seulement 300 ans.*

VERS LES SINGES DU NOUVEAU MONDE

SIMIENS TARSIIFORMES

SIMIENS SIMIIFORMES

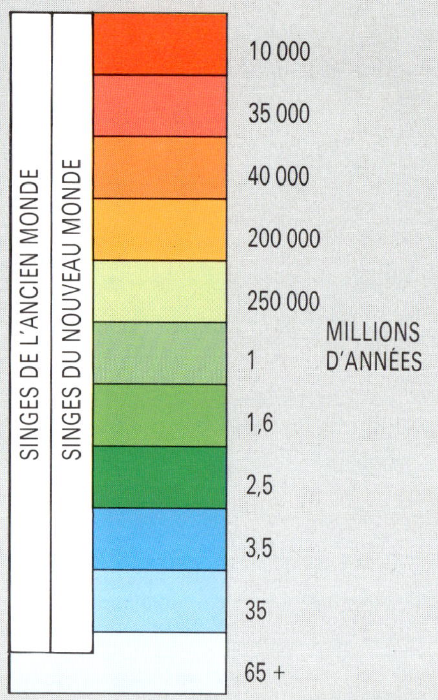

Plus évolués que les Strepsirhiniens, les Haplorhiniens groupent d'une part les Tarsiiformes (à l'origine des petits tarsiers actuels du Sud-Est asiatique, descendants d'ancêtres éocènes répartis dans tout l'hémisphère Nord il y a 50 millions d'années) ; d'autre part les Simiiformes, apparus plus tardivement. Les spécialistes distinguent deux groupes de simiiformes : les **singes du Nouveau Monde** ou Platyrhiniens et les **singes de l'Ancien Monde** ou Catarhiniens. Semblables par bien des traits, ces deux groupes présentent aussi de nettes dissemblances, fait qui résulte, à partir d'une commune origine, d'une évolution divergente après séparation géographique. Le trait distinctif principal porte sur le museau : les platyrhiniens sont caractérisés par un nez large aux narines écartées, leur cloison nasale étant épaisse (*platus* = large, plat), les catarhiniens par un nez aux narines rapprochées, plus étroit et recourbé (*kata* = courbé en descendant).

Il y a environ 45 millions d'années, un groupe de prosimiens donna naissance aux singes. Des chercheurs travaillant dans le désert égyptien eurent la chance de découvrir des restes appartenant à ces

▼ Theropithecus *(– 5 M.A.), Est africain, un babouin de grande taille, granivore, dont les descendants hantent encore les quelques points d'eau des oueds les plus déshérités du Sahara.*

Dotés d'un pelage bien fourni, les platyrhiniens ont trois prémolaires par demi-mâchoire (pour un total de 36 dents) et une queue préhensile, véritable cinquième main qui leur permet de grimper et de voltiger dans les arbres. Tels quels, ces singes du Nouveau Monde ressemblent fort aux parapithèques oligocènes d'Égypte. Ressemblance qui fit évidemment germer l'idée d'une dispersion de populations africaines vers l'Amérique du Sud au cours du Tertiaire (ce que suggère d'ailleurs parallèlement l'histoire des Rongeurs). À la faveur suppose-t-on de « radeaux » naturels (troncs d'arbres et branchages), quelques lots d'individus africains auraient abordé à leur corps défendant les côtes d'Amérique du Sud et auraient alors colonisé d'immenses étendues encore vierges de primates. Totalement coupés de leur berceau africain, ces nouveaux colons auraient par la suite suivi leur propre voie évolutive.

premiers singes, dans les **formations oligocènes du bassin du Fayoum**, dont les dépôts s'échelonnent de − 35 à − 25 millions d'années. **Six genres** y ont été récoltés, dans trois niveaux principaux. Trois d'entre eux, les plus primitifs, sont des parapithèques *(Parapithecus, Oatrania* et *Apidium)*; c'étaient de petits quadrupèdes arboricoles, gourmets de feuillages dans la forêt-galerie de la future vallée du Nil.

Descendant vraisemblablement de ces formes égyptiennes, un groupe homogène de petits haplorhiniens simiiformes a curieusement évolué en marge de notre histoire. Ce sont les **petits singes d'Amérique du Sud**, les platyrhiniens. Sept ou huit genres de leurs ancêtres fossiles ont été récoltés au Mexique, à la Jamaïque, aux Antilles, à Hispanolia et, à travers l'Amérique du Sud, juqu'en Patagonie. Leur ancêtre est *Branisella*, découvert en 1969 dans l'Oligocène inférieur de Bolivie. Ils se sont plus tard diversifiés en ouistitis, atèles, singes laineux, singes hurleurs (de loin les plus gros : 7,5 kg pour 70 cm) et bien d'autres encore (on distingue 16 genres).

▶ Branisella *(− 35 M.A.), Oligocène inférieur de Bolivie : le plus ancien des singes d'Amérique du Sud.*

◀ Tremacebus *(− 30 M.A.), Amérique du Sud, frugivore.*

▶ Mesopithecus *(− 10 M.A.), Europe méridionale, aussi agile marcheur que svelte grimpeur, l'un des genres africains conquérants de l'Eurasie.*

LES SINGES DE L'ANCIEN MONDE

CERCOPITHÈQUES

PLIOPITHÈQUES

DRYOPITHÈQUES

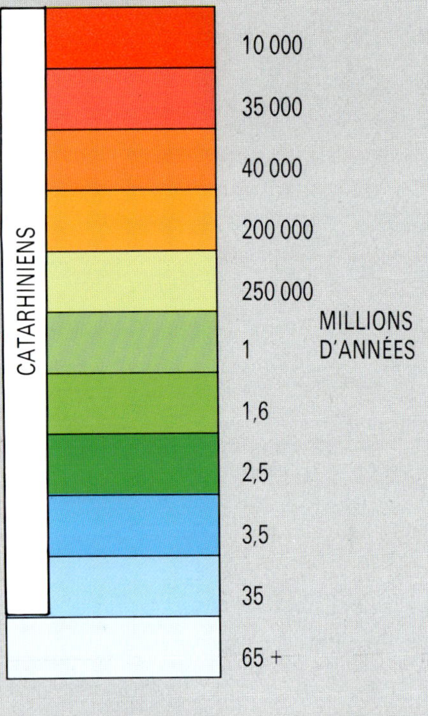

En opposition avec les Platyrhiniens (page précédente), les Catarhiniens sont des singes à narines rapprochées. Ils rassemblent les singes du Vieux Monde et ils n'ont que deux prémolaires à chaque demi-mâchoire. Leur histoire commence il y a 35 millions d'années environ, avec l'un des trois genres évolués de l'Oligocène du Fayoum, *Oligopithecus*, cercopithèque de 30 cm au plus, apparenté aux petits singes. Son squelette était encore celui d'un prosimien, mais ses dents ressemblaient déjà à celles d'un singe. Quelques millions d'années plus tard, ce furent, toujours dans le bassin du Fayoum, des propliopithèques. Quadrupèdes terrestres et grimpeurs agiles, de la taille d'un gibbon, ils s'apparentaient déjà aux grands singes dont ils avaient les canines taillées en crocs. Cette fois, les caractères prosimiens étaient bel et bien perdus. Émigrés en Europe, ils donnèrent ensuite naissance aux pliopithèques *(Pliopithecus)*. Leur histoire se poursuit, à la base du Miocène moyen d'Afrique orientale, avec trois formes qui annoncent différents groupes actuels.

Après l'époque des parapithèques du Fayoum, c'est-à-dire de − 25 à − 15 M.A. (en gros le Miocène inférieur), on peut répartir les singes en trois groupes : les cercopithèques (ou petits singes), les pliopithèques et les dryopithèques (singes plus grands descendants des propliopithèques du Fayoum). Leur histoire est d'abord africaine. Les plus anciens cercopithèques et pliopithèques, mangeurs de feuilles et de fruits, sont *Victoriapithecus* au Kenya et en Ouganda, *Probylobates* en Égypte et en Libye, et *Dendropithecus* (en qui certains spécialistes voient l'ancêtre du gibbon), lui aussi découvert sur une île du lac Victoria, au Kenya. Enfin, les dryopithèques nous concernent plus particulièrement, dans la mesure où nous y plongeons peut-être **nos racines familiales**. Parmi eux, un certain *Proconsul*, lui aussi découvert dans les sites miocènes du Kenya et de l'Ouganda, et qui serait une espèce de *Dryopithecus*

▼ Dryopithecus *(− 14 M.A.) fut le premier dryopithèque décrit.*
Aegyptopithecus (− 30 M.A.), à denture de grand singe, mais à museau long et grandes orbites, était encore détenteur d'une queue.
Gigantopithecus (de − 8 à − 0,7 M.A.) est le plus grand primate connu : redressé, peut-être plus de 3,50 m de haut...
Ramapithecus possédait beaucoup de ressemblances avec les hominidés.

Dryopithecus

africanus, ancêtre tout à fait plausible de l'Homme. Grand singe de 2 m de haut, il vivait dans la forêt dense, s'y nourrissant principalement de fruits et de feuilles.

Le **rapprochement des continents afro-arabe et eurasiatique** (entre − 17 et − 15 M.A.), en même temps qu'il entraîna de profondes modifications climatiques, favorisa l'établissement de ponts continentaux. Cette paléogéographie permit aux singes d'Afrique d'essaimer vers le nord. Vers − 10 M.A., vécut *Mesopithecus*, un cercopithèque de 1 m de long découvert dans le Sud-Est européen ; hôte de forêts claires et de savanes broussailleuses, il devait se nourrir de fruits et d'insectes. Européen également, le fameux singe de la montagne *Oreopithecus* (dont, fait rarissime en paléontologie des vertébrés, un squelette entier fut découvert en Toscane en 1958), hôte des forêts du Miocène supérieur (− 9 ou − 8 M.A.), dont on ne connaît pas de descendants ; il devait peser 40 kg et, redressé, mesurait environ 1,15 m ; infatigable coureur, c'était un habile voltigeur arboricole qui possédait à la fois des caractères évolués (crâne arrondi et certaines dispositions des os du bassin) et des caractères très spécialisés tels que l'adaptation des membres supérieurs à la brachiation (déplacement à l'aide des bras), ce qui ne permet pas d'en faire un ancêtre de l'Homme. Vers − 18 M.A. en Europe, *Pliopithecus* (contemporain du proconsul est-africain) fut le dernier des pliopithèques à posséder une queue. De leur côté, les dryopithèques poursuivirent leur développement et leur diversification. De très nombreux restes fossiles en ont été récoltés.

LES AUSTRALOPITHÈQUES

AUSTRALOPITHECUS AFARENSIS
AUSTRALOPITHECUS AFRICANUS
AUSTRALOPITHECUS ROBUSTUS

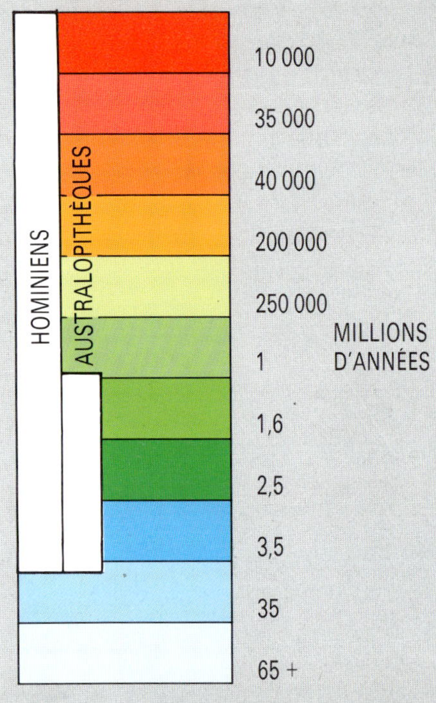

Si les données d'anatomie comparée ont depuis longtemps révélé que le genre *Homo* (les hommes) a pour plus proche parent le genre *Pan* (les chimpanzés), les données biochimiques confirment une identité de composition à 99 % (résultats obtenus en 1975) et les données génétiques montrent une parfaite similitude chromosomique, à quelques détails près (résultats de 1986). Cette quasi-identité implique que **les hommes et les chimpanzés ont un ancêtre commun** que les généticiens estiment à 5 ou 6 millions d'années. On pense donc aujourd'hui qu'à partir de la souche commune, se sont successivement détachés du tronc principal

▼ Australopithecus afarensis *vivait en Éthiopie il y a 3,5 millions d'années : c'est le premier hominien connu, parfois considéré comme un pré-australopithèque. Il se tenait debout, mais son cerveau était plus petit que celui d'un chimpanzé. Cet australopithèque a été rendu célèbre par la découverte en 1974, dans l'Afar éthiopien (site d'Hadar), d'un ensemble de 52 os familièrement appelé Lucy (en allusion à une chanson des Beatles alors en vogue) et baptisé scientifiquement quatre ans plus tard. C'était le squelette d'une femme de moins de 1,20 m, aux jambes courtes, à la démarche probablement chaloupée.*

▶ Australopithecus africanus *vivait il y a 3 millions d'années en Afrique orientale et méridionale. Il vécut pendant 1 million d'années en milieu non forestier (à l'époque, fait singulier pour un primate). Le premier crâne de cette espèce (de fait le crâne d'un enfant de six ans) fut remarqué sur un bureau dans une société minière à Taung, au Béchuanaland (Afrique du Sud) : il y servait de presse-papiers !*

(dont le genre *Homo* occupe l'extrémité) le genre *Pongo* (orangs-outans), puis les lignées *Pan* (chimpanzés) et *Gorilla* (gorilles), enfin l'hominien *Australopithecus*. Les grandes différences que l'on constate dans l'aspect de ces différents êtres ne peuvent résulter, dans ces conditions, que d'importantes divergences morpho-fonctionnelles liées à leurs habitats et à leurs modes de vie.

Où sont les ancêtres de ces divers primates ? On l'ignore : on sait seulement que ce ne sont ni *Oreopithecus* (un cercopithèque), ni *Proconsul* (un dryopithèque), le phénomène bien connu de convergence morphologique étant seul responsable des ressemblances avec *Homo*. Essentiellement caractérisés par une bipédie hominienne balbutiante et par la possession d'un crâne encore simien, les australopithèques ont été récoltés dans des sédiments datés entre − 6 et − 1 M.A. dans l'est et le sud de l'Afrique. On admet généralement la succession de trois espèces : *Australopithecus afarensis*, *A. africanus* et *A. robustus*. Mais certains auteurs font de la forme gracile *africanus* et de la forme plus lourde *robustus* soit deux lignées parallèles (schéma p. 103), soit les formes mâle et femelle d'une seule espèce. Quoi qu'il en soit, les australopithèques ont poursuivi leur évolution propre, même après que l'homme véritable est apparu.

▼ Australopithecus robustus, *le plus trapu et le plus fort des australopithèques, vécut aussi dans l'Est africain en milieu de plaines découvertes, se nourrissant de feuilles, de fruits, de graines et de racines.*

LES PREMIERS HOMMES

HOMO HABILIS

HOMO ERECTUS

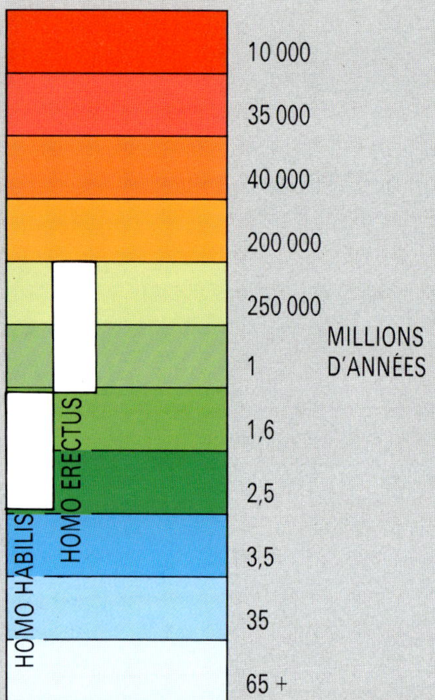

Les premiers restes fossiles d'*Homo erectus* ayant été découverts à Java en 1891, on pensa à cette époque que les tout premiers hommes avaient vécu en Extrême-Orient. Après les découvertes des deux dernières décennies, on pense aujourd'hui que le berceau de l'humanité se situe en Afrique orientale.

Les êtres humains que nous sommes sont classés par les scientifiques dans le genre *Homo* ; plus précisément dans l'espèce *sapiens*, l'Homme qui pense. Pour certains spécialistes, ne sont *Homo* que les individus dont le **volume crânien est supérieur à 750 cm^3** ; mais d'autres pensent que ne peuvent être considérés comme *Homo* que des **êtres capables de fabriquer et d'utiliser des outils**.

En Afrique orientale, au Kenya et en Éthiopie, puis en Tanzanie et en Afrique du Sud, il y a 1,8 M.A., vivait un être semblable en tous points à *Australopithecus africanus*, à ceci près que sa capacité crânienne était nettement supérieure, de l'ordre de 650 cm^3 (au lieu de 500 au plus). Les restes fossilisés des membres postérieurs, ou plutôt inférieurs, montrent que cet hominien était capable de marcher et de courir comme l'homme moderne. Sa main était un organe

▲ Homo habilis *savait fabriquer des outils rudimentaires dont il se servait aussi pour tuer du gibier.*

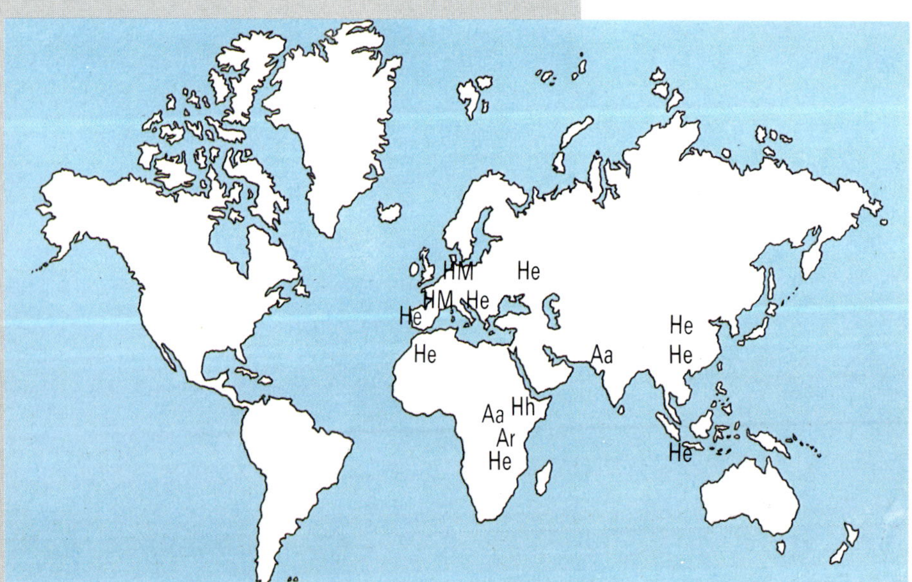

◀ *Les premiers hominidés ont vécu il y a environ 1,5 M.A. dans les vastes plaines herbeuses de l'Est africain. En 500 000 ans, des générations successives de populations gagnèrent progressivement l'hémisphère Nord, depuis l'Europe occidentale jusque dans le Sud-Est asiatique.*
Aa Australopithecus africanus
Ar Australopithecus robustus
Hh Homo habilis
He Homo erectus
HN Homme de Neandertal

préhensile bien assuré. En outre, les paléontologues ont découvert, associés à ces ossements d'hominiens, **des galets manifestement travaillés**. Il était logique d'envisager que ce sont des outils fabriqués par les hominiens en question. Suivant cette idée, les paléontologues qui en firent la découverte décidèrent en 1964 de baptiser ces êtres *Homo habilis* : les Hommes habiles. Certains scientifiques toutefois contestèrent cette désignation, estimant que les individus concernés avaient un crâne trop petit pour être des hommes. Signalons encore que selon le paléontologue français Yves Coppens, *Homo habilis* aurait été présent en Éthiopie il y a 2,2 M.A., et même au Kenya il y a 4 M.A. Dans ces conditions, les australopithèques et les premiers hommes auraient coexisté pendant 3 M.A.

Aucune contestation ne s'éleva au sujet de l'hominien plus récent découvert en divers points du globe, dans des terrains datés pour les plus vieux de − 1,5 M.A., et baptisé *Homo erectus*, l'Homme debout : il possédait une capacité crânienne de 900 cm^3. Le sommet de sa tête était plat, un bourrelet osseux en parcourait la base au-dessus des yeux, et le menton fuyait vers l'arrière. Cet homme nouveau a disparu il y a seulement 200 000 ans.

Une acquisition remarquable de l'*Homo erectus* est l'utilisation qu'il fit du **feu**. Une grotte découverte en Chine a conservé des ossements vieux de 500 000 ans, auprès desquels fut retrouvé un foyer peut-être entretenu pendant plusieurs siècles ! S'il ne savait pas comment faire naître une étincelle, notre ancêtre du moins avait-il appris à recueillir la flamme ou la braise d'un feu naturel. Sans doute s'en servait-il pour se chauffer et pour cuire ses aliments.

▼ *Cette reconstitution présente un groupe d'* Homo erectus *massacrant un troupeau d'éléphants embourbés dans un terrain marécageux vers lequel les chasseurs, intelligents, les ont préalablement contraints à fuir sous la menace d'un feu de broussailles.*

L'HOMME PENSANT

HOMO SAPIENS

H. SAPIENS NEANDERTALENSIS

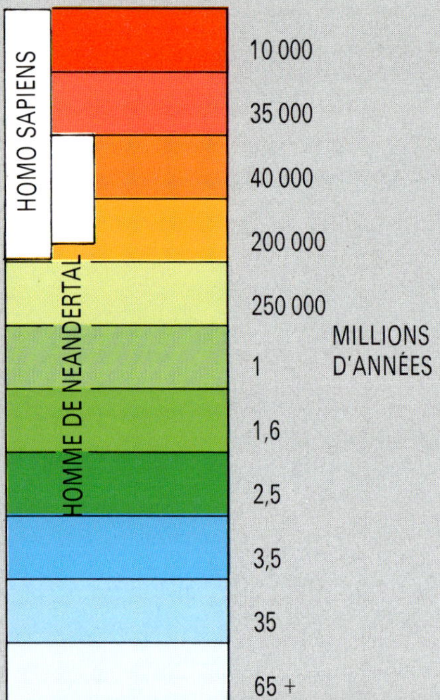

La culture de l'homme de Neandertal était déjà avancée : en témoigne l'inhumation de leurs morts dans des fosses aux parois ocrées, avec offrandes et lits de fleurs, selon des rites qui traduisent l'existence de croyances et de coutumes. On pense que certaines populations ont voué un culte à l'ours des cavernes.

La tradition entre *Homo erectus* et *Homo sapiens* s'est étalée sur plusieurs dizaines de milliers d'années. Divers crânes récoltés dans l'Ancien Monde témoignent de cette lente évolution. Parmi eux se place un crâne vieux de 200 000 ans, à bourrelet sus-orbitaire fort mais à occipital arrondi. Faut-il le considérer comme un pré-*sapiens* ou déjà comme une sous-espèce d'*Homo sapiens* ?

Le premier fossile humain qui ait été officiellement reconnu comme différent quoique incontestablement proche de l'homme moderne fut découvert en 1856 en Allemagne, dans une grotte de la vallée du Neander, et pour cette raison baptisé « homme de Neandertal ». En fait, un squelette du même type avait été découvert en Belgique en 1833. Représentant une sous-espèce d'*Homo sapiens*, les populations de néandertaliens vécurent en Europe et au Proche-Orient au début de la **dernière glaciation**, de − 80 000 ans à − 35 000 ans environ.

Présentant l'homme de Neandertal, Yves Coppens nous parle de « sa face boursouflée, sans pommettes, ses dents qui avancent, son menton effacé, son puissant bourrelet sus-orbitaire, son front fuyant, son crâne étiré vers l'arrière, sa cage thoracique « en tonneau », la robustesse de son squelette... ». Son volume crânien atteignait, voire dépassait celui de l'homme moderne (de 1 100 à 1 650 cm^3). En raison de sa **grande spécialisation**, probablement liée à son mode de vie et plus précisément à son régime alimentaire, l'homme de Neandertal est actuellement considéré comme représentant d'un **groupe-frère de l'homme moderne**, érigé au rang de sous-espèce : *Homo sapiens neandertalensis*, aux côtés d'*H. sapiens sapiens* et non son ancêtre.

L'homme de Neandertal a vécu dans un milieu dont le climat s'est progressivement dégradé, dont le paysage est devenu de plus en plus inhospitalier. La faune forestière était caractérisée par le renne, le bouquetin, le chamois, l'antilope saïga, le mammouth, le rhinocéros laineux, le lemming, le lièvre siffleur d'Asie... Les néandertaliens y vivaient de chasse et de cueillette. Ils établissaient leurs campements dans des endroits protégés des rigueurs de l'hiver, souvent dans des abris-sous-roche ou dans des grottes. En plaine, ils vivaient dans des huttes où étaient disposés plusieurs foyers. Mais les forêts ont reculé vers le sud, remplacées par des steppes dans lesquelles ces permiers hommes n'ont pas réussi à s'adapter et à survivre longtemps.

◀ *Les néandertaliens sont généralement associés à un certain type d'industrie de la pierre appelé faciès moustérien représenté par des outils tels que pointes, bifaces, couteaux à dos retouché et racloirs, utilisés pour tuer le gibier, découper la viande et hacher les végétaux.*

▶ *Scène d'été d'un groupe familial de néandertaliens. Ces hommes chassaient, pour se nourrir, un large éventail de gibier et en utilisaient les peaux pour se confectionner des vêtements indispensables en saison froide.*

L'ÉMERGENCE DE L'HOMME MODERNE

HOMME DE CRO-MAGNON

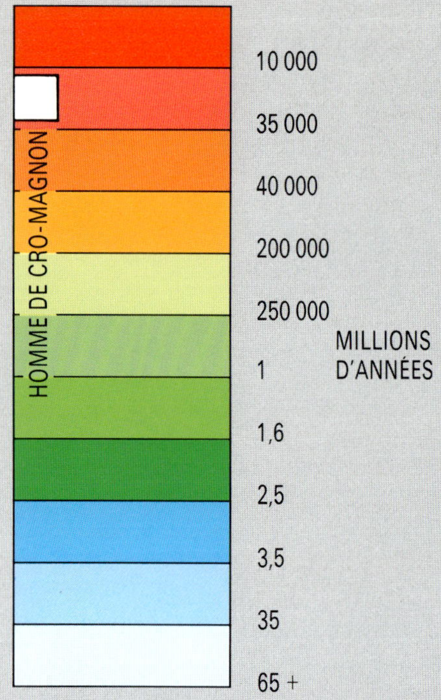

Les plus anciennes preuves de l'intelligence humaine nous ont d'abord été apportées concrètement par des vestiges de complexes industriels et d'habitats de mieux en mieux structurés. Avec les néandertaliens, se sont ajoutées des preuves d'une pensée culturelle et religieuse. L'homme du Paléolithique supérieur a multiplié ces preuves : en témoignent la configuration et la décoration des sépultures (squelettes teintés d'ocre rouge ; colliers, dallages de pierres protecteurs), l'épanouissement de l'art mobilier et de l'art décoratif (peintures et gravures pariétales, sculptures).

Homme de Cro-Magnon est le nom donné aux représentants d'une population d'*Homo sapiens sapiens* du Paléolithique supérieur. Les premiers restes en furent découverts en 1868 en Dordogne. Mais là n'était pas leur berceau.

En Israël, des archéologues ont découvert les restes d'une vingtaine d'individus inhumés avec des offrandes. S'agissait-il de néandertaliens ? Leur morphologie était assurément différente : absence de bourrelet osseux au-dessus des yeux, crâne allongé, présence d'arcades sourcilières osseuses et d'un menton saillant. Aussi les spécialistes sont-ils aujourd'hui formels : ces hommes sont vraisemblablement **des ancêtres de l'homme de Cro-Magnon**.

De très grande taille et bien musclés, les hommes de Cro-Magnon avaient une **vaste capacité crânienne** (1 600 cm^3), une face courte surmontée d'un front large. Ils eurent pour contemporains les « affreux » néandertaliens au front fuyant. Les premiers nous apparaissent comme de merveilleux artistes, artisans d'outillages d'os et de pierre de très grande qualité. À côté d'eux, on a facilement tendance à

considérer les néandertaliens comme des barbares, alors qu'ils témoignaient d'une culture déjà riche, ne serait-ce qu'en pratiquant des rituels complexes comme celui de l'inhumation. Ils ont aussi été les premiers artisans de la florissante industrie du Paléolithique supérieur. De fait, la disparition de l'homme de Neandertal n'est pas le résultat d'une élimination brutale par l'homme de Cro-Magnon. Son remplacement semble s'être fait progressivement.

Il semble que les hommes modernes soient nés quelque part au Moyen-Orient. Les premiers européens néandertaliens ayant migré de l'Europe vers le Moyen-Orient (et même plus loin), et les premiers Cro-Magnon ayant au contraire migré du Moyen-Orient vers l'Europe et l'Afrique du Nord, leurs populations se seraient croisées (au double sens du terme, car leur métissage n'est pas exclu).

Quoi qu'il en soit, après la disparition des derniers néandertaliens, voici 30 000 ans, les hommes de Cro-Magnon ont constitué l'unique lignée survivante des hominiens dont nous sommes les actuels représentants.

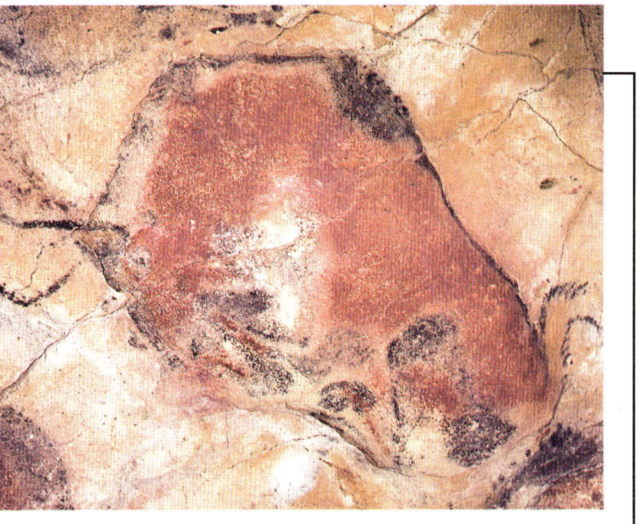

▲ *Cette peinture de bison européen a été découverte dans une grotte du nord de l'Espagne, à Altamira. Une telle manifestation artistique pouvait procéder d'une signification rituelle ou magique. D'autres grottes ainsi décorées ont été découvertes en Europe méridionale.*

▼ *Dans un campement provisoire, un groupe d'hommes de Cro-Magnon. En période de vie sédentaire, ces hommes savaient construire des huttes de branchages. Mais lorsqu'ils chassaient ou recherchaient de nouveaux sites, ils dormaient en plein air autour d'un feu.*

LES CHASSEURS-CUEILLEURS

Tout au long de l'histoire de l'espèce humaine, depuis l'apparition d'*Homo habilis* (il y a au moins 2 200 000 ans), jusqu'à une époque très récente (− 12 000 ans environ), la quête de la nourriture s'est faite d'une manière très élémentaire. L'homme prenait ce qu'il trouvait à sa portée, animal ou végétal. C'est à ce style de vie, en matière d'alimentation, qu'est dévolue la désignation chasseur-cueilleur. Ce comportement ancestral a perduré jusque dans certaines sociétés contemporaines ou presque : Aborigènes d'Australie, Indiens d'Amérique...

Ce type de société est fondé sur l'**unité familiale**, cellule d'individus vivant ensemble et coopérant dans la recherche de la nourriture. Dépendant étroitement de la localisation des ressources, de tels groupes étaient sédentaires ou non. L'errance peut être le fruit de choix occasionnels, dictés par des circonstances fortuites. Elle peut aussi prendre la forme d'un semi-nomadisme déterminé par des impératifs naturels permanents, comme l'alternance des saisons.

Associées à ce type de vie, les populations se sont dotées d'un **outillage progressivement diversifié et amélioré**. Par exemple tel galet aménagé peut servir à couper des branchages ou de jeunes troncs, tel autre à découper de la viande. Les populations les plus anciennes ont d'abord utilisé des outils de facture primitive, plus ou moins finement façonnés. Plus tard, l'homme de Cro-Magnon fut le premier à adapter un manche en bois à divers outils en pierre, et à fabriquer ainsi des javelots, des harpons et des haches.

De nombreux scientifiques pensent que c'est l'**aptitude à fabriquer des outils** qui distingue l'homme du singe. Aussi l'étude des outils associés aux restes des plus anciens hominidés revêt-elle une importance particulière. Elle renseigne beaucoup sur le développement culturel des sociétés naissantes. Les spécialistes ont défini divers types d'**industries lithiques** et leur ont associé des stades du développement humain appelés **cultures**.

Le plus ancien de ces stades d'évolution est l'Oldowayen, dont le type d'industrie a été découvert au début des années cinquante dans les gorges d'Oldoway en Tanzanie (Afrique orientale) par l'équipe du Dr Leakey. De facture très simple, les outils de pierre sont de petits galets présentant une arête tranchante obtenue par percussion avec éjection d'un ou deux éclats. Ces outils servaient à dépecer et à découper le gibier ou à hacher des racines, mais ils ne permettaient pas de travaux plus précis.

L'homme au petit cerveau qu'était seulement *Homo habilis* savait fabriquer de tels outils grossiers. *Homo erectus*, quant à lui, en fit de plus finement travaillés. Cette industrie plus évoluée est rapportée à la culture de l'Acheuléen (de Saint-Acheul, site préhistorique de la Somme), caractérisée par un outillage de bifaces soignés, certains en forme d'amande, et de nombreux éclats retouchés en burins, racloirs, couteaux et pointes. Certains de ces outils, conçus pour être bien en main, possèdent un bord convexe adouci, qu'épouse la paume de la main, et une arête coupante, rectiligne et non plus sinueuse. L'aspect des éclats révèle aussi l'emploi non seulement de percuteurs durs (pierres), mais aussi de percuteurs doux (morceaux de bois ou bois de cervidés). *Homo erectus* a ainsi produit un outillage très raffiné et extrêmement diversifié.

▶ *Un chasseur d'une tribu de Sumatra utilise l'arc pour chasser le gibier dans la forêt dense. La faune y est très riche, mais il faut beaucoup d'habileté et de patience pour débusquer l'un de ces animaux sauvages.*

▼ *Abri de branchages d'anciens chasseurs-cueilleurs. Dans les régions riches en nourriture, ces groupes semi-nomades pouvaient demeurer plusieurs mois dans un même campement. Ici, deux hommes découpent une antilope et un couple déroule une peau près de poissons mis à sécher. Certains rapportent des végétaux comestibles et du bois mort pour le feu.*

LES CHASSEURS NOMADES

Durant la période glaciaire (l'essentiel des deux derniers millions d'années), s'étendaient dans certaines régions du globe (principalement Eurasie et Amérique du Nord) de **vastes plaines herbeuses faiblement boisées**. Là vivaient des bandes humaines qui n'avaient à leur disposition que peu d'aliments d'origine végétale (rares arbres à graines ou arbustes à fruits), mais par contre un **gibier abondant et diversifié**. Des millions de mammouths, de rennes, de chevaux leur offraient une manne inépuisable. Dans de telles conditions, ces sociétés préhistoriques ne pouvaient être que des sociétés de chasseurs constamment sur la trace de leurs proies.

L'une des mieux connues est celle des **chasseurs de mammouths** d'Europe orientale et de Sibérie, dont une série de vestiges remarquablement conservés ont été découverts en divers sites de Tchécoslovaquie. Le développement culturel de ces hommes apparaît comme totalement inféodé au massacre systématique de ces animaux et à l'exploitation rationnelle de leurs corps pour un usage quotidien.

La raison première de la chasse était évidemment l'**approvisionnement en nourriture** : chair de mammouth, graisse de mammouth, viande séchée ou os bouillis, tout provenait de cet animal providentiel à longueur d'année. Quelques baies ou racines complétaient à l'occasion ce régime carnassier. Mais le mammouth servait à d'autres usages. La peau fraîche des dépouilles était séchée, grattée, battue jusqu'à l'obtention d'un cuir convenable pour la confection de vêtements, de tentes et de couvertures. Les plus petits os servaient à fabriquer des outils variés, tels qu'aiguilles et manches. Les plus grands entraient dans l'édification des abris ou à la protection des tombes. Un mur bas circulaire de crânes et de fémurs pouvait être construit et servir d'abri contre le vent après que les interstices ont été bouchés avec de l'argile, l'ensemble étant recouvert par un toit de branchages ou par des peaux tendues sur une charpente de défenses. Un tel abri était petit mais confortable.

Un emploi inattendu des os de mammouth fut découvert dans les années soixante-dix. Ayant observé dans un site d'Ukraine divers os vivement colorés portant de bizarres traces d'impact régulièrement disposées, certains spécialistes ont pensé que des omoplates et des fémurs pouvaient avoir été utilisés comme tambours et crécelles ; il semble même que des os creux d'oiseaux aient été taillés comme des sifflets. Nos chasseurs nomades des plaines eurasiennes n'auraient-ils pas été aussi danseurs et musiciens ?

▶ *Groupe de chasseurs de mammouths, il y a 30 000 ans. Les découvertes archéologiques révèlent qu'ils utilisaient des arcs, des éperons et des harpons. Ils achevaient leurs proies rendues impuissantes, immobilisées au fond de trous, empêtrées dans des nasses de branchages ou autres pièges. Selon les régions, les chasseurs nomades traquaient les chevaux, les bisons, les antilopes et autres gibiers de grande taille. Ces hommes portaient des vêtements de peau décorés et des colliers.*

◀ *Des chasseurs nomades modernes vivent dans des régions isolées du monde, riches en gibier. La plupart de ces régions lointaines ont été touchées par la civilisation. L'activité mercantile principale y concerne les armes de chasse et les produits alimentaires locaux.*

LES PREMIERS FERMIERS

Il y a 12 000 ans environ, des chasseurs-cueilleurs vivant au Moyen-Orient se mirent à cultiver la terre et à élever du bétail. Les civilisations modernes reposent sur cette aptitude à **produire de la nourriture dans des fermes**.

Sur les collines des vallées syriennes, **l'avoine et le blé** sauvages poussaient en abondance. Au fil du temps, les populations qui récoltaient habituellement les épis sauvages commencèrent à semer des graines sur des parcelles de terre appropriées, pour accroître leurs provisions céréalières. Il était naturel que les grains les plus gros et les meilleurs fussent sélectionnés et semés, produisant ainsi des plants plus robustes, des épis plus lourds que les souches sauvages. **La domestication de la culture céréalière était commencée**.

Parallèlement, les déplacements des chèvres et des moutons sur les collines syriennes furent contrôlés par l'homme. Les premiers éleveurs prirent l'habitude de tuer les jeunes pour leur **viande** et de soigner les femelles pour leur **lait**. Des os de chevreaux et d'agneaux, datés de − 9 000 ans et trouvés en grand nombre en Iraq, témoignent de cette politique agricole novatrice.

Vers − 7 000, la culture des deux espèces de céréales – avoine et blé – était répandue dans tout le Moyen-Orient. Les connaissances des agriculteurs en la matière se propagèrent et, progressivement, d'autres fermiers s'établirent sur les bordures continentales voisines. La Bretagne fut atteinte vers − 3 000. En même temps qu'elle essaima sur la planète, l'agriculture se diversifia : de nouvelles espèces végétales furent sélectionnées, porcins et bovins domestiqués.

Mais loin du Moyen-Orient et de son développement, l'agriculture naissante connut une autre histoire. En Chine, des chasseurs-cueilleurs découvrirent les vertus d'une autre plante : le **millet**, céréale peu exigeante capable de croître sur un sol pauvre même en eau. De génération en génération, des populations de la vallée du Hwang Ho passèrent par les mêmes étapes de domestication et d'amélioration. À partir de − 5 000, la culture du mil était bien établie, l'élevage

▶ *Les premiers fermiers recherchaient les céréales sauvages comme le blé et l'orge, qui possédaient une haute valeur nutritive. Lorsque ces plantes furent cultivées, ils parvinrent à augmenter et à régulariser le rendement des moissons. Avec la domestication des cochons et plus tard celle des moutons et des chèvres, ils assurèrent leur approvisionnement en viande et en lait.*

▼ *Dès lors que les récoltes et l'élevage leur assurèrent en permanence des quantités suffisantes de nourriture, les fermiers se fixèrent en un même lieu tout au long de l'année. Ils commencèrent à construire des habitations fixes plus spacieuses, à abriter des objets personnels, sandales, pots et moulins à grain, objets dont ne pouvaient s'encombrer les nomades.*

des porcs et des chiens constituant l'autre source alimentaire principale. Quelques centaines d'années plus tard, le **riz** fut à son tour domestiqué. Au contraire du mil, cette plante a besoin de beaucoup d'eau pour se développer : cette exigence est à l'origine du savoir-faire des Chinois en matière d'irrigation.

Au Mexique, ce n'est qu'assez tardivement, vers – 4 000, que les populations des vallées commencèrent à pratiquer l'agriculture. Au début, un grand nombre de plantes furent cultivées, parmi lesquelles divers cactus, mais rapidement l'une d'entre elles domina : le **maïs**. Cette préférence résulte d'une propriété providentielle : la rapidité avec laquelle les plants sauvages furent améliorés en variétés à croissance rapide et prolifique. Le même scénario se déroula dans les régions andines de l'Amérique du Sud avec la **pomme de terre**.

Cependant la pratique de l'agriculture ne s'étendit pas à l'ensemble du globe, même si certaines régions bénéficièrent de l'influence des quelques foyers précédemment signalés, comme l'Europe par exemple au contact du Moyen-Orient. Les steppes de l'Asie centrale furent le royaume de tribus nomades essentiellement pastorales, c'est-à-dire vivant de l'élevage extensif basé sur l'exploitation de la végétation naturelle. Ce furent des **sociétés de bergers**, errant avec leurs troupeaux de moutons, de bovins et de chevaux, non des agriculteurs sédentarisés. Ces peuplades étaient bien différentes des chasseurs de mammouths, sauf en ce qui concerne leur dépendance vis-à-vis d'un certain type de source alimentaire. Ainsi, que ce soit en Eurasie, en Afrique, en Australie ou en Amérique, la plupart des espaces vierges de notre planète demeurèrent les terres d'accueil des sociétés humaines de chasseurs-cueilleurs.

LES CONQUÉRANTS DU MÉTAL

Ayant évolué vers sa forme moderne et ayant développé l'agriculture, l'homme n'avait plus besoin que d'une avancée supplémentaire pour bâtir les civilisations et les empires qui ont depuis dominé l'histoire du monde. Ce fut l'œuvre de nouveaux artisans, les **« conquérants du métal »**, comme les appelle le géologue Pierre Routhier.

Les premier métaux qui ont été travaillés par l'homme, voici 7 000 ans au moins, sont l'**or**, l'**argent** et le **cuivre**, tous présents sur le pourtour méditerranéen. Pépites ou amas d'or et de cuivre, étincelant à la lumière, fascinèrent les premiers hommes. Ces productions naturelles du monde minéral étaient collectées puis martelées en bijoux et ornements divers. Pendant des siècles, ce travail fut la **principale activité métallurgique**.

Vers − 3 500, la première fonderie fut élaborée dans le sud-est de l'Europe. La séparation du métal de sa gangue nécessite que le minerai soit porté à haute température afin que le métal en fusion s'écoule librement. Pour le cuivre, la température requise est de l'ordre de 800°. Or une telle température est atteinte avec un simple feu de camp. On peut donc imaginer que des morceaux de minerai de cuivre s'étant trouvés mêlés à d'autres pierres ramassées pour la construction d'un foyer, les hommes découvrirent fortuitement le **secret de la fusion des métaux** en voyant s'écouler le cuivre.

Le cuivre pur est un métal relativement mou, mais son mélange avec d'autres métaux conduit à des alliages moins malléables. C'est ainsi que vers − 3 000 fut utilisé un alliage comportant 90 % de cuivre et 10 % d'étain : l'**âge du bronze** commençait. Plus dur que le cuivre, le bronze devint le métal de référence dans toute l'Europe.

Un autre pas fut franchi vers − 1 500 dans la région anatolienne du Proche-Orient (en actuelle Turquie) par une peuplade annonçant le règne des Hittites. Cette peuplade découvrit un moyen de produire un métal plus résistant alliant fer et carbone, idéal pour la fabrication des harpons et des outils à bord tranchant. Après avoir travaillé le fer météoritique, l'homme apprit à traiter le fer terrestre grâce à des techniques de forgeage de mieux en mieux élaborées. Entre − 1 200 et − 1 000, l'**industrie du fer** connut une brusque extension en Iran, en Transcaucasie, en Syrie, en Palestine, puis dans le Caucase, en Mésopotamie, à Chypre et en Crète.

Depuis lors, ainsi équipé avec l'agriculture et la métallurgie, l'humanité en perfectionna l'usage et ne cessa de progresser vers l'**épopée technologique moderne**.

▶ *Un artisan martèle et façonne une pièce de fer chauffée au rouge, tandis que deux assistants actionnent avec les pieds des soufflets pour activer le feu d'un foyer et y maintenir une température élevée. Ce travail requérait déjà un grand savoir-faire.*

▶ *Un foyer ayant servi à la fusion du cuivre il y a environ 2 500 ans. Charbon de bois et métal étaient placés dans le four circulaire et portés à l'état de magma incandescent. Le métal en fusion s'écoulait sur la pierre plate placée devant en contrebas.*

▼ *Encensoir en bronze datant de 1 100 av. J.-C., découvert à Chypre. Le personnage représenté est un marchand phénicien portant un lingot de cuivre. Les lingots étaient aplatis en forme de peau de vache et produits dans toutes les tailles souhaitées.*

INDEX

Tous les renvois ne sont pas nécessairement portés (cas du mot « reptile » qui n'est mentionné que pour les pages où son emploi est particulièrement significatif). Les noms en français d'animaux ou de plantes sont systématiquement écrits avec une initiale minuscule et au singulier (chameau, hydrophidé). Par contre les noms de genre latins sont écrits avec une initiale majuscule et en italique, conformément aux règles internationales de nomenclature *(Camelus, Homo)*, seul le terme spécifique (deuxième terme d'un nom d'espèce) ayant une initiale minuscule *(Homo sapiens)*. Lorsque le terme français et le terme latin, identiques ou presque, coexistent dans le texte, seul le terme latin est mentionné (*Sigillaria*, mais non sigillaire). Enfin, quelques mots propres à la terminologie scientifique ont été insérés dans la liste, mais seulement s'ils sont inhabituels dans le langage courant (ainsi spore mais non tige ou racine).

INDEX

CRÉDITS PHOTOGRAPHIQUES

Les éditeurs tiennent à remercier les organismes suivants et les particuliers qui ont permis de reproduire les photographies réunies dans cet ouvrage :

Ancien Art and Architecture Collection ; Ronald Sheridan 123 (en haut).
Bruce Coleman Ltd. ; Adrian Davies 18, John Cancalosi 25, Dr John Mackinnon 117.
Michael Holford 112, 123.
Rida Photo Library ; David Bayliss 11 (en haut à droite), 23. Science Photo Library Vaughan Fleming 10 ; Eric Grave 33, John Reader 12 (à gauche).
Sinclair Stammers 11 (encadré en haut à droite), 12 (encadré en bas à gauche), 28, 75.
Zefa Picture Library (UK) Ltd. 7, 115, 118.

ILLUSTRATIONS

Amanda Barlow 18-19, 25, 31, 47 (en haut), 61 (principale), 74-75, 76-77, 90-91 (principale), 97, 98.
Peter Bull 110 (en bas à gauche).
Norma Burgin (JMA) 55, 57, 59.
Jim Channel (Bernard Thornton) 48-49, 51, 63, 65 (principale), 67 (principale), 68-69, 85, 87.
Wayne Ford 21 (en haut), 22, 24, 27 (en haut), 29 (en haut à gauche), 30, 38, 46, 50, 53 (en haut), 54, 61 (en haut), 62, 65 (en haut), 70, 72, 73 (en haut), 82, 88, 89 (en bas à droite), 91 (en haut), 92, 96, 102, 103 (en haut).
Steve Holden 12-13, 14-15, 17, 47 (principale), 53 (principale), 71, 73 (en bas), 83, 89 (en bas à gauche), 92-93, 99, 100-101, 103 (en bas), 104-105, 106-107.
David Holmes (Garden Studios) 21 (principale), 27 (principale), 32-33, 80-81, 84, 89 (en haut).
Ray Hutchins 35 (en bas), 41, 43 (principale).
Mick Loates (Linden Artists) 35 (en haut), 37, 45.
The Maltings Partnership 6, 11.
Brian McIntyre (Ian Flemming) 43 (en haut).
Eva Melhuish (Garden Studios) 8-9, 17, (en bas à droite), 23, 29 (principale), 39, 78-79, 86-87 (en bas), 94-95.
Mark Stacey 108-109, 110 (en haut à droite), 111, 113, 114-115, 116-117, 119, 120-121, 122.

ORIENTATION BIBLIOGRAPHIQUE

Beneš J., Marek J. et Turek V. (1988) : La grande encyclopédie des fossiles, Paris, GRÜND, 520 p.

Cailleux A. et Komorn J. (1981) : Dictionnaire des racines scientifiques, Paris, SEDES-CDU, 263 p.

Gayrard-Valy Y. (1985) : La paléontologie. Que sais-je ? N° 2190, Paris, PUF.

Morvan R. (1985) : Le petit Retz Morvan, pour comprendre la plupart des mots du vocabulaire, Paris, Retz, 143 p.